きっしいの

オムライス大好き!

はじめに

ありがとうございます！　ついに日本初となるオムライスだけの単行本を出版することができました。

この本をお手に取られたあなたは、もちろんオムライス好きだと思います。ではここで質問。しっかり焼いたタマゴにケチャップがかかった正統派オムライスと、ふわとろタマゴにデミソースのかかった半熟オムライス、どちらがお好みでしょうか？　どちらにしてもあなたは今ニンマリとされたはずです。オムライスは人を幸せにします。実はオムライスが人を幸せにするのには理由があります。それは読み進むうちに2章で語られます。

自己紹介をしますと、私はオムライス大好きの「きっしい」です。自称〝日本一オムライスを食べている男〟です。小学生の頃からオムライスを食べ続け、そして１９９６年からはホームページ『きっしいのオムライス大好き!?』（今で言うブログ）を立ち上げて、２０１８年末までで７５９店、１２８３食のオムライスを記録し、情報発信してきました。

私のオムライスの原風景は、デパートの大食堂です。昭和40年代、子供たちに人気だったのは旗が立っているチキンライスにハンバーグやタコウインナーなどがのった「お子さまランチ」ですが、私の注文は「オムライス！」。まだ洋食が珍しい時代で、我が家の食卓に上がる料理は野菜の煮たのとか魚の焼いたのとか地味な色。その中でオムライスの黄色と赤色はカラーの世界でした。味も外国料理のようにハイカラ（のちに日本生まれだと知る）。それが私とオムライスの出合いでした。

料理に性別があるのなら、オムライスは女性だと思います。「オムライス嬢」です。柔らかい曲線の形状や、赤や黄色のカラフルなビジュアル。オムライス嬢は控えめな性格です。なんとアンケート回答で「オムライスが好き」は90％超。こんなに人気があるのに、決してセンターには立たないのです。その控えめなオムライス嬢を応援したくて本著を書きました。

1章は、皆様をお連れしたい10店をはじめ、変わりダネなど43店をご紹介する「オムガイド」。2章は、オムライスのウンチクを語る「オム学入門」。3章は、プロがレシピを伝授する「オムレシピ」。読み終わる頃には、おいしいオムライス店を知っているばかりではなく、オムライスの知識が深まり、さらにはオムライス作りの達人になっているはずです。

さあ、一緒にオムライスの世界に出かけましょう。

はじめに …… 002
きっしいって？ …… 006

第1章 オムガイド

皆様をお連れしたいオムライスの店10選

ア・ヴォートル・サンテ・エンドー …… 010
めぐろ三ツ星食堂 …… 014
にっぽんの洋食 新川 津々井 …… 018
レストラン吾妻 …… 022
レストラン テルミニ …… 024
YOU …… 026
レストラン ドンピエール 銀座本店 …… 028
喫茶げるぼあ …… 030
東洋文庫オリエントカフェ …… 032
マル 八王子東急スクエア店 …… 034

オム対決

半熟対決 …… 042
のっけ対決 …… 044
石焼きVSフライパン対決 …… 046
スリムVSぽっちゃり対決 …… 048
アイデア対決 …… 050
高さ対決 …… 052

オム選手権

カラフル選手権 …… 056
デミ選手権 …… 058
学生街選手権 …… 060
変わりオム選手権 …… 062
チェーン店選手権 …… 064
乗り物ビューなオム …… 066
こんな時にこんなオム …… 068
意外なところに絶品オム …… 070

第2章 オム学入門

オムライスの定義

天津飯はなぜオムライスではないのか …… 078

1限目 オムライスの歴史学

東も西もお客さんの要望から始まった …… 080

2限目 オムライスの分類学

〝正統派〟は21年間で3割減！ …… 084

3限目 オムライスの地域学
オムライスの東西差—
関西は安くてライスが多い!? ……088

4限目 オムライスの統計学
あなたは正統派? ふわとろ派? ……090

5限目 オムライスの国際学
西洋人は「FUWATORO」なんて
ありえない ……092

6限目 オムライスの経済学
オムライスの価格は
21年間で平均21%上昇! ……094

7限目 オムライスの色彩学
なぜピカチュウは
「美味しそう」ではないのか ……096

第3章 オムレシピ

知っておこう! オムライスの栄養 ……110
オム、ライス(卵と肉の飯) ……112
簡単! オムハヤシ ……114
ふわとろオムレツのオムライス ……116
名店のトロトロオムライス ……118

オム日記1996—2002 ……037
オム日記2003—2008 ……074
オム日記2009—2018 ……101
旅オム ……121
おわりに ……124

コラム

戦艦大和のオムライス ……036
オムライスどこから食べる? ……054
オムライス屋やりたいんですけど! ……072
トマトが日本にやってきた ……082
日本最古? のオムライスレシピがあった! ……083
オムライスの元祖『煉瓦亭』 ……087
チェーン店に聞きました! ……099
カゴメは「オム検」で昇格が決まる? ……100
ちょっと不幸なオムライス 閉店してしまった名店たち ……106
5月に開催! オムライススタジアム ……108
未来のオムライス
キーワードは「×TECH」と「グローバル化」 ……123

※記載されているデータは、2019年2月現在のものです。料金は税込み金額です。休日は原則として定休日を表記しています。年末年始、お盆、臨時休業などは省略してあります。

きっしいって?

岸本好弘

1959年兵庫県稲美町生まれ。1996年のインターネット黎明期からHP「きっしいのオムライス大好き!?」(omurice.com)にてオムライス情報を発信。実はもともとゲームクリエイターであり、ファミコンソフト『ファミスタ』を手がけた。2018年まで東京工科大学メディア学部准教授を務め、現在は「ゲーミフィケーションデザイナー」の肩書でゲームを取り入れた学習法や仕事術を提案。講演、研究発表、コンテンツ開発などを行い、オムライス以外でも幅広く活躍している。

オムライス11カ条

一　オムライスは正統派タイプがよい。
二　白いお皿に紙ナプキンで巻かれたスプーン。
三　お皿の上には、木の葉形の黄色いオムライス。
四　タマゴの上には赤いケチャップ、横には緑のパセリ。
五　タマゴはよく焼けた薄焼きで、裏側はちょっと半熟。
六　ライスは炒めたてのケチャップライス。
七　具はチキンとマッシュルーム。
八　量は多すぎず。
九　コックさんが作っているところが間近に見られる。
十　値段はできれば1000円以内で。
十一　半熟タイプも旨いから許す。

みんなのオム愛

ページの下にある「みんなのオム愛」は、アンケート(P.90)の中から抜粋したコメントです。掲載ページの内容とは関係ありません(一部関係あり)。

オムライスのタイプを次のように分類しています。

例　タマゴ 正統派　ライス ケチャップ　ソース ケチャップ　ボリューム 中

タマゴ…タマゴの形状。正統派(しっかりタマゴ焼き包み)、ふわとろ(スクランブルエッグ状)、オムレツ(上にオムレツのせ)など
ライス…ライスの味付け。ケチャップ、バター、デミグラスなど
ソース…上にかかるソースの種類。ケチャップ、デミグラス、トマトなど
ボリューム…主にライスの量。個人差はあるが、きっしいぐらいの男性なら中で満足

第1章
オムガイド

どの子も大好きなオムライスたちですが、心を鬼にして厳選しました。
しっかりタマゴorふわとろタマゴ、ケチャップorデミソースなど
タイプも載っているので、好きなお店がすぐに見つかるはず！

皆様をお連れしたい
オムライスの店10選

きっしいが最もよく行くお店が中心ですが、「ランキング」ではなく「10選」です。
どのお店もナンバーワン。そして、あくまでもきっしいの好きなお店なので、
あなたの好みかどうかは分かりません。実際に食べて、お気に入りを見つけてね！

銀座

ア・ヴォートル・サンテ・エンドー

1

産地直送の新鮮卵3～4個で作った厚めのオムレツ包みタイプ。

さすが銀座！ な味とビジュアル

こだわりのオムライス

平日ランチ1700円（土・日は1900円）／夜1900円＋サービス料5％

タマゴ	正統派
ライス	ケチャップ
ソース	ケチャップ
ボリューム	中

私が一番数多く通っているお店です。10年間で85回も！ 月に1度近くは訪問している計算ですが、何度食べても「やっぱり旨い！」と感じます。場所が銀座というのもいいですね。窓から歌舞伎座が見えます。

初訪問は2009年の移転前の東銀座。職人気質な遠藤克己オーナーシェフは、アフリカでのウラン探査隊のコックを経て、フランスで修業後、1989年開業。当時イタ飯ブームだったのでフレンチでなくイタリアンにしたという柔軟な面もありますが、「旨いものを作る」という気概は強く、素材も調理にも一切手を抜かない。コワモテの遠藤シェフに一瞬ひるむお客さんも多いですが、接客大好きネパール人スタッフのクスム

みんなのオム愛

銀座「ア・ヴォートル・サンテ・エンドー」。今まで食べたオムライスの中で一番好み。（40代・女性）

1_ライスは南魚沼コシヒカリ、具は鳥取大山鶏など。2_シェフ吉田さん。仕上がりに納得できるのは10回に1回とか。3_ケチャップはパイナップルビネガー入り。タマゴには生クリームほか、「味がなじむ」と輪島の塩水、ガムシロップを使用。

さんが陽気に迎えてくれるので、2人はとてもバランスのよいコンビだと思います。

ランチなら、こだわりのオムライス（ケチャップ）を必ず頼みます。ディナーだと、牛肉オムライス2205円も頼んでシェアします。ただ、遠藤シェフの最近のイチオシはカレーオムライス。自慢のフルーツカレーのカレーを濾《こ》したソースをかけたもので、お店の二大名物メニューを両方味わえる欲張りオムライスです。

ところで、イタリアンなのにオムライスとカレーが有名でも気にしないのですか？　と聞くと、遠藤さんは「こだわらない、お客さんが来てくれればよい」とのこと。人に喜んでもらうためには、時にはこだわりなど不要なのですね。

みんなのオム愛

「ア・ヴォートル・サンテ・エンドー」のチキンオムライス。鶏は好きではないが美味。（50代以上・女性）

1 ア・ヴォートル・サンテ・エンドー

お客さんの要望に応えて2017年に登場。遠藤シェフ自信作。

お店の名物とコラボした欲張りメニュー

カレーオムライス

平日ランチ1700円（土・日は1900円）／夜1900円＋サービス料5％

タマゴ	正統派
ライス	カレー
ソース	カレー
ボリューム	中

3

2

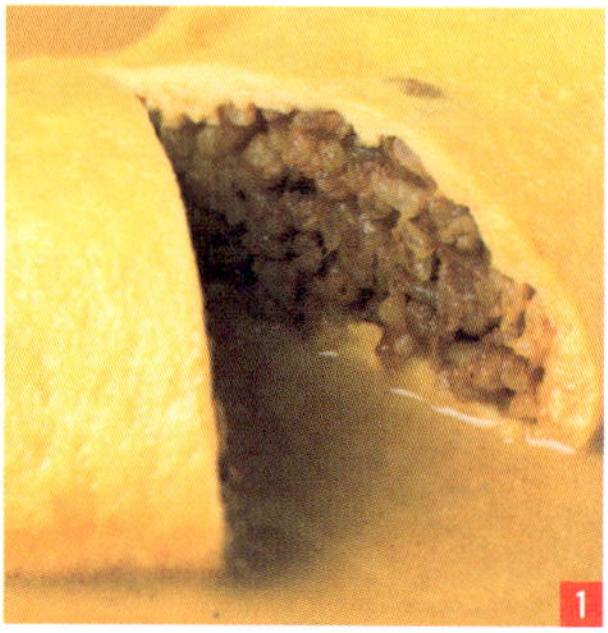

1

1_中は辛めのドライキーマカレー。ソースは濾して具をなくし、サラサラに。2_ライスに負けないよう、タマゴに塩気と甘みを加えているのがポイント。3_カレーソースは多種スパイスほか、ひき肉、タマネギ、ニンジン、ショウガ、ニンニクなどで作る。

みんなのオム愛

中はドライカレーがいい。別の食べ物2種類を一気に食べられてお得な感じがするから。（30代・女性）

左から、職人気質の遠藤シェフ、寡黙な吉田さん、陽気なクスムさん。

銀座三越のすぐ近く。知人デザイナーによる店内装飾もモダン。

KISSY'S COMMENT

INFORMATION

地下鉄銀座駅A5出口徒歩1分。
12時～15時・18時～22時30分、
月1回不定休。中央区銀座5-9-5 田創館ビル2F
☎03・3573・8170

みんなのオム愛

卵とケチャップとライスなんて組み合わせ、まずいわけがないじゃないか！（30代・男性）

目黒

めぐろ三ツ星食堂

2

「ある日、目が覚めた時にナンプラー味がひらめいた」というのも驚き。

ヒントはあの食べ物。さて何でしょう？

お正油オムライス

ランチ1000円／ディナー1458円

タマゴ	ふわとろ
ライス	ナンプラー
ソース	マヨネーズと七味
ボリューム	中〜大（選択可）

私が2番目に多く通っている店、訪問数80回です。初訪問は2002年で、テレビの旅番組を見て知りました。その時はまだカレーだけでオムライスはなく、女性オーナーシェフ関根志保さんによると「きっしいが『オムライスも出せばいいのに』と言ったのがきっかけ」とのこと。そうだったっけ！　なんと私が生みの親でした。

2001年オープンの翌年に誕生した名物のお正油オムライスは、その後生まれたさまざまな創作オムライスの中でも今なお人気ナンバーワンを誇っています。マヨネーズと七味がかかった驚きの外見に、中身もビックリのナンプラー味の白い炒めご飯。『ドンピエール』のタラバガニオムライスを食べて和風味に衝撃を受けた。違う

みんなのオム愛

オムライス大変好き。好きに理由などない。笑笑。（30代・女性）

1_大きな鶏肉やパプリカ、タマネギなど具だくさん。七味がとてもいいアクセントです。2_ランチの日替わりオムライスにも水・木に登場。夜は毎日食べられます。

ものを作ろうとして、ある日目が覚めた時にナンプラー味がひらめいた」のだそう。マヨ×七味の発想は、なんと志保さんの大好きな「あたりめ」にヒントを得たとか。

　お昼のオムライスは日替わりで、「ポークジンジャー」「ホットドッグ」「塩チーズ」など珍しいオムライスが登場。普通の「ケチャップオムライス」もあり、こちらも実に捨てがたい。

　当初は志保さんだけで作っていましたが、その後、夫の清実さんが腕を上げ、オムライス担当のスーシェフに昇格。清実さんはもともと飲食未経験のクリーニング屋さんだったというから驚きですね。現在はご夫婦で調理しています。昼は並ぶこともあるので、ゆったり食べたければ13時以降に訪問を。

みんなのオム愛

子供の時、デパートの大食堂で家族皆で食べたオムライスが美味しかったです。(40代・男性)

2 めぐろ三ツ星食堂

見栄えが良い！この店の料理はすべて見た目にこだわっています。

変わりオムもいいけど、
王道も間違いない

ケチャップオムライス

ランチ1000円／ディナー1458円

タマゴ	ふわとろ
ライス	ケチャップ
ソース	ケチャップ
ボリューム	中～大（選択可）

2

1

1_ライスにはキャラウェーやナツメグを利かせ香ばしく。2_いろいろなハーブや香辛料が効いているので飽きません。

みんなのオム愛

問答無用でケチャップ派です。デミは、お高め洋食の気取ったソースです。（30代・女性）

1_料理歴35年の志保さん（左）。清実さんはもとお客さんでした！　2_カウンター席に座ると、お二人の調理風景が眺められます。3_奥にはテーブル席もあります。

KISSY'S COMMENT

オムライスは
時間がかかりますが、
待つのも楽しみ！

INFORMATION

JR・私鉄・地下鉄目黒駅正面口徒歩6分。11時30分～14時30分LO・18時～21時30分LO（月は11時30分～14時30分のみ）※昼夜ご飯が売り切れ次第終了、土・日・祝休。品川区上大崎3-4-6 瑛和目黒ビル1F
☎03・3443・6568

みんなのオム愛

卵もケチャップもデミグラスソースもチキンライスもバターライスも全部好きなものでできている。（19歳以下・女性）

茅場町

にっぽんの洋食 新川 津々井

3

手前がクリームベースのトマトソース、奥が生トマトベースにケチャップを加えたソース。

2色ソースに浮かんだライスオムレツ

トロトロオムライス（ハム）

ランチ1458円／夜はタラバガニ2160円

タマゴ	ライスオムレツ
ライス	ライスオムレツ
ソース	2色トマト
ボリューム	中

　1950年創業の「ザ・洋食店」。オレンジ色と朱色の2色ソースに挟まれた「トロトロオムライス」が有名です。タマゴで包むのではなく、タマゴとケチャップライスを合わせてオムレツにする珍しいライスオムレツタイプで、2代目店主の越田健夫シェフが創作。まずはライスオムレツだけで、次はオレンジ色の甘めのソース（生トマトベースに生クリーム）で、そして朱色のソース（生トマトベースにケチャップ）で、最後は2つのソースを混ぜてから……と4つの味が楽しめます。

　ランチでは中の具はハムですが、もともとはカニのオムライスが好きな常連のおばあちゃんが食べやすいように、リゾットのような柔らかい食感にしたのが始まりだそ

かしくなりいつか私も恋人ができたら一緒に食べるのだと心の中で誓った。（19歳以下・女性）

1_ケチャップライスはラードで炒めるので、コクがあります。 2_難しい火加減のコツは「火とケンカせず、お友達になること」だそうです。P.118でレシピ公開。

うです。カニ入りのトロトロオムライスはディナーでいただけます。

タマゴで包むタイプのオムライスもあり、具のレパートリーはハム、チキン、エビ、カニ。私はハムが好きです。

肉厚のポークジンジャーも美味しいのでオーダーに悩むところですが、まずは2種類のオムライスを試してください。ちなみにランチはスープ・サラダをセットにすると＋594円ですが、ここはぜひ惜しまずに。立派な洋食の一皿といえるようなクリーミーなポタージュとアルファルファたっぷりのサラダが供されます。

入店前に1階の道路に面したガラス張りの厨房を覗《のぞ》いてみてください。神業のようなシェフの調理風景が眺められますよ。

みんなのオム愛 どでかいオムライスを食べている私の近くにカップルでオムライスを食べてるのを見てしまった。なんだか少し恥ず

3 にっぽんの洋食 新川 津々井

卵3個、均整の取れたフォルムの伝統的オムライス。

ナイスバディで古式ゆかしい

ハムオムライス

ランチ1080円／ディナー1620円

タマゴ	正統派
ライス	ケチャップ
ソース	ケチャップ
ボリューム	中

1_ライスを炒めるのもタマゴを焼くのもラード。香りが良いです。2_ハムはいろいろ吟味した結果、塩加減が絶妙な豊島区の『武田ハム』を使用。

みんなのオム愛

真のオムライスはケチャップライスと信じている。(30代・男性)

新川
津々井
忘年会 新年会
準備中

越田シェフ（中）、奥様の倭代さん、息子の晃夫さん（イケメン!）。

ランチ時は2階・3階席が満席になり行列ができます。

KISSY'S COMMENT

息子さん
修業から帰って
きたんだね!
ホテルで
鍛えられて
きました

INFORMATION

地下鉄日比谷線・東西線茅場町駅3番出口徒歩7分。11時～13時30分LO（土は～13時LO）・17時～21時LO（土は～19時30分LO）、日・祝休。中央区新川1-7-11
☎03・3551・4759

みんなのオム愛

子供の頃、チキンの代わりは魚肉ソーセージでした。そんな昔の味を大切にしている店があれば。（50代以上・男性）

本所吾妻橋

レストラン吾妻

4

お米は農家から仕入れた天日干し米。ヨード卵3個使用。自家製生ハムサラダ、ピクルス付き。

ショーを見るような調理パフォーマンス！

先代創作オムライス

3780円

タマゴ	ふわとろ
ライス	ケチャップ
ソース	デミグラス
ボリューム	大

ライスを手でほわっと成形し、半熟タマゴをリズミカルにのせる。コック歴50年以上の熟練の技！

1995年初訪問時の感想は「旨いけど、高い……」。しかし当時は2階席で食べたので、ご主人のパフォーマンスが見られなかったのがその評価の理由だと。最近再訪問して、調理の様子を目の当たりにし、ご主人とお話しながらオムライスを味わったら「値段だけの価値はある！」と納得しました。大人になってから行くと良さが分かるお店ですね。

オーナーシェフ竹山正昭さんは3代目。ケチャップライスの上にオムレツをのせてパカッと花開くオムライスは戦前に父が創作。1988年ごろTV番組で紹介され、「花咲オムライス」と名付けられたそうです。このタイプのオムライスは早くも戦前に生まれていたということに驚きます。

KISSY'S COMMENT

ここのオムライスは、れっきとした西洋料理です！

半分の量になるまで煮詰めるデミグラスソース。具は豚肉など。

INFORMATION

地下鉄浅草線本所吾妻橋駅A3出口徒歩3分。17時30分〜20時LO、火・水・木休。墨田区吾妻橋2-7-8
☎03・3622・7857

みんなのオム愛

子供も大好きなオムライス。子供にもおすすめのお店があれば、一緒に食べに行きたいです！（40代・女性）

5

八王子みなみ野

レストラン テルミニ

デミソースは別添えで追加可能。私は全部使ってしまいます！

ほのぼの一家の愛たっぷり

オムライス

1080円

タマゴ	ふわとろ
ライス	ケチャップ
ソース	デミグラス
ボリューム	中

自宅をレストランに改装。玄関で靴を脱いで上がると、「自分の家だっけ」と錯覚してしまうほどアットホームなお店です。店主の宮部五男さん、妻の純子さん、息子の浩幸さんの家族3人で切り盛りしています。

　オムライスは有名レストランで修業した浩幸さんの発案。ケチャップで炒めたライスに、卵を3個使ったバターたっぷりのふわとろタマゴ。その上にさらさらのデミソースがかかります。米は「ゆめぴりか」、鶏は宮城県産「森林どり」と素材も厳選していますが、昼も夜も同じ値段の1080円とお値打ち！

　五男さんは九州出身。手が空くたびに、焼酎をすすめに来るので要注意（笑）。

みんなのオム愛

ふわとろっとしたい！（50代・女性）

1_1977年開店。家族全員キャラが立っています。　2_デミの海！ライスをひたひたにして食べるのも至福。3_「UFOキャッチャーにはまっている」という浩幸さんが獲得したぬいぐるみが随所に。

KISSY'S COMMENT

INFORMATION

JR横浜線八王子みなみ野駅西口徒歩7分。11時～14時30分LO・17時～21時LO、水休。
八王子市みなみ野3-15-9
☎042・635・2073

みんなのオム愛

タマゴの優しさと包容力を感じるならふわとろ！（30代・女性）

東銀座

YOU

6

甘めの柔らかオムレツと、スパイシーで硬めのケチャップライスの相性抜群。

スマホ動画映え！ 究極の表面張力

オムライス

ランチセット（11時30分～15時）1100円
YOU飯セット（15時～20時LO）1300円

タマゴ	オムレツ
ライス	ケチャップ
ソース	ケチャップ
ボリューム	小

１９９８年初訪問。友人が「ごく普通の喫茶店ですが、侮ってはいけません」と教えてくれました。創業は１９７０年ですが、オムライスは平成に登場。近隣に競合のコーヒーチェーン店ができたことで、差別化のために、店主・松嶌龍子さんが創作したそうです。

実はものすごく工夫されたオムライス。ふわふわのオムレツが崩れない理由は、ケチャップライスを平たく盛り、中央をちょっと凹ませてうまく収めているんです。

近年は「ぷるぷる震えるオムライス」の動画がアップされ、日本中はもとよりアジア圏からも若い女性が押し寄せるように。お店の推奨は「オムレツをスプーンで割ってどうぞ！」ですが、客のほぼ全員が割らずに食べていました。

みんなのオム愛

初めて「YOU」に一人でオムライスを食べに行った時（20年くらい前？）、緊張しました。（40代・女性）

2

3

1

1.2_卵2個の生クリーム入りオムレツが、スプーンを入れるととろけ出す。3_歌舞伎役者からの出前注文もあるそう。故・中村勘三郎さん、片岡仁左衛門さんも常連。

KISSY'S COMMENT

食べる前に
プルプル揺らして
動画を撮るのが
イマドキ!

INFORMATION

地下鉄日比谷線・浅草線東銀座駅3番出口徒歩1分。11時～20時LO、無休。中央区銀座4-13-17 高野ビル
☎03・6226・0482

みんなのオム愛

東銀座「YOU」。生クリームたっぷり、ふわふわのオムレツが懐かしい。最近人気店になってしまった。(30代・女性)

銀座一丁目

レストラン ドンピエール 銀座本店

7

牛肉がゴロッと入った贅沢オムライス。ステーキライスを食べている感覚です。

ハレの日の贅沢オムコース！

洋食コース

ビーフオムライス選択で4644円

タマゴ	正統派
ライス	たまり醤油
ソース	なし
ボリューム	中

１９９６年初訪問。雑誌の写真に惹《ひ》かれて出合えたのは、オムライスの常識を覆すような、醤油香る贅沢な牛肉オムライスでした。

もともとステーキの端切れ肉で作ったまかないのオムライスを、良い部位の肉で作ってメニュー化。卵は栃木赤玉磨宝卵、ライスは千葉県産コシヒカリ、具は黒毛和牛ロース。キノコ４種、小ネギを加え、たまり醤油で炒めます。ソースはかけません。

ランチの洋食コースはチキンオムライスなどから選べるご飯料理に、アミューズとサラダまたはスープ、ドリンク、ワゴンデザートまで付いて３０２４円。ビーフオムライスにすると＋１６２０円ですが、１階のブラッスリーなら単品３０００円で注文可能です。

みんなのオム愛

子供たちが独立するまでボーナスの宴で伺っていた、今はなき「京橋ドンピエール」。(50代以上・女性)

1_上にソースをかけず、たまり醤油の香ばしさを引き立たせています。2_記念日に行きたいお店。ビーフオムライスは13時以降注文可。3_最後のワゴンデザートまで幸せいっぱい。全種類頼んでもオッケー!

KISSY'S COMMENT

INFORMATION

地下鉄有楽町線銀座一丁目駅10番出口徒歩1分。11時30分〜14時LO・17時30分〜21時LO、月休。中央区銀座1-10-19 銀座一ビルヂング2F
☎03・3567・3641
サービス料ランチ＋5%、ディナー＋10%

みんなのオム愛

クリームと和風が好き。王道以外も正義！（20代・女性）

日本橋

喫茶げるぼあ

8

コーヒーとの意外な相性を発見！

オムライスセット

単品850円
セット950円（11時30分～18時30分）

タマゴ	正統派
ライス	ケチャップ
ソース	ケチャップ
ボリューム	中

ケチャップのかかった薄焼きタマゴ包み。コーヒーはネルドリップ。

2

1

1_ケチャップライスの具はベーコン、ピーマン、タマネギ、マッシュルーム。2_前田さんはお店を継いで10年ぐらいだそうです。

作曲家のすぎやまこういち先生が「正しいオムライス」とすすめてくれました。今でもすぎやま先生がたまに食べに来るそうです。

1958年日本橋に開店。4代目店主の前田浩孝さんが、2代目に習ったオムライスの味を守っています。喫茶店のオムライスには、レストランとは違って、家庭で作ったような素朴な風情があります。付け合わせのスパゲティサラダが妙に美味しい。

店名の『げるぼあ』は、ドイツ語で〝画家が集まる場所〟だそう。時代を感じます。個人的には、オムライスとコーヒーを同時に出してもらって、交互に味わうのが好きです。バターたっぷりのタマゴと苦めのコーヒー、意外なマッチングなんです。

KISSY'S COMMENT

典型的な喫茶店の
懐かし系
オムライス!

INFORMATION

地下鉄日本橋駅B1出口徒歩2分。8時〜19時（土・日は9時〜17時）、不定休。中央区日本橋3-8-6　☎03･3275･3062

みんなのオム愛

ケチャップライス派。割って白いご飯出てくるとテンション下がる……。(30代・女性)

千石

東洋文庫オリエントカフェ 9

タマゴの黄色とトマトソースのオレンジ色が鮮やか。スープ、サラダ、飲み物付き。

ミュージアム併設の農場直営オム

マルコポーロセット

ランチのみ1680円

タマゴ	ふわとろ
ライス	バター
ソース	トマト
ボリューム	中

貴重な東洋学図書が展示された東洋文庫ミュージアムの併設カフェ。文化的な方をお連れすると喜ばれます。シーボルトゆかりの草木の植わった中庭を眺めながらお店へと導いてくれる回廊がステキ。庭の見える窓際席が気持ちいい。

岩手・小岩井農場の食材を使ったオムライスは、ランチ時のみ。岩手「ひとめぼれ」をブイヨンで炊き込んだライスを、農場直送の卵3個で作ったオムレツが覆います。

東洋文庫と小岩井農場の関係は？ 実は、東洋文庫創設者の三菱財閥3代目総帥・岩崎久彌は小岩井農場の経営者でもあったのです、とかウンチクを語るとよいでしょう。ミュージアム内の日本一美しい本棚「モリソン書庫」もご覧あれ。写真撮影OK。

みんなのオム愛

ふわとろ派。タマゴに火が通りきっていない（＝未完成）ところが、夢がある感じでよい。（40代・女性）

1_素材を生かすよう、ソースはシンプルに。タマゴはバターのいい香り。
2_窓際席は事前に予約しておくといいでしょう。

KISSY'S COMMENT

文化的なオム。
食器や盛り付けも
お上品!

樹齢100年超のカラマツを使った一枚板のカウンターとテーブルが迎える。

東アジアに関する欧文書籍など約2万4000点を収蔵するモリソン書庫。

INFORMATION

地下鉄三田線千石駅A3出口徒歩7分。11時30分～21時30分(19時30分LO)、火(祝の場合は翌平日)・ミュージアム休館日休。文京区本駒込2-28-21
☎03・3942・0400

みんなのオム愛

卵料理が好きで、オムライスはその最たるものです。(20代・男性)

10

八王子

マル　八王子東急スクエア店

問屋から仕入れた卵を3個使用。肉にもこだわります。ランチタイムはスープ、サラダ、ドリンク付き。

タマゴ	ふわとろ
ライス	ケチャップ
ソース	ハッシュドビーフ
ボリューム	中

〝八王子市民はご飯好き〟を実証!?

大大大人気！オムライスハッシュドビーフソース

1058円　※月〜土の11時〜15時はランチメニュー

四ツ谷や麹町などに支店をもつイタリアンのお店ですが、八王子店だけにオムライスがあるのは「八王子市民がご飯好きだと思って」（店長談）。その後オムライスは6種類まで増加し、日々のオムライスのオーダー数はパスタ＋ピザを上回るとのこと。

〝大大大人気！オムライスハッシュドビーフソース〟は、その名の通りランチの大大大人気メニュー。醤油とワインを利かせ、キャラメリゼした甘めのソースがまた八王子市民にウケているようです。ハッシュドビーフオムライスが超美味しかったので、トータル61回通いました。学生8名を引き連れてきて、「オムライス全メニューください！」と頼んだ時の快感は忘れられません。

みんなのオム愛

八王子「マル」が好き。きっしー先生と友人たちで食べた。(20代・女性)

1_ライスはハッシュドビーフソースに合うよう、ケチャップやウスターソースで味付け。2_淡路吉彦店長（右）と、スタッフの皆さん、夜は女の子のスタッフが増えます。3_窓からは富士山が望めることも。

ほかの
オムライスも
捨てがたいけど、
これがNo.1!

KISSY'S COMMENT

INFORMATION

JR八王子駅北口徒歩1分。11時〜21時LO（金・土・日・祝は11時〜22時LO）、無休。八王子市旭町9-1 八王子スクエア8F ☎042・643・8020

みんなのオム愛

ふわとろ派、卵は半熟の時が一番輝くと思うから！（19歳以下・女性）

COLUMN 1

戦艦大和のオムライス

グリーンピースが偶数個だとなぜ怒鳴られるのか

2009年のことでした。観光で広島県呉市を訪れ「大和ミュージアム」などを見学しました。戦艦大和は太平洋戦争中の世界最大の軍艦で、ここ呉で造船されました。朝に『レスト』という喫茶店でモーニング「戦艦大和のオムライス」を食べました。特徴は上にのった奇数個のグリンピース。食堂『いせ屋』では、ご主人から海軍のオムライスは〝麦ごはん〟だったという話も聞きました。

その後、『戦艦大和の台所―海軍食グルメ・アラカルト』（高森直史著、光人社）という本を見つけました。書籍内では、大和の乗組員だった八杉康夫氏の証言として、「戦艦大和の士官室で昼食にオムライスが提供されていた」「卵2個でご飯を包む正統派タイプで、ソースはトマトケチャップまたはウスターソースとまぜたもの」「上にのるグリンピースの数は必ず奇数個で、偶数個だと上官に怒鳴られる、理由は船なので〝割れる〟は縁起悪いため」「なみなみと入れた紅茶と共に提供される」などと書かれています。戦艦大和は昭和16年（1941）に就役し、昭和20年（1945）に沈没するのでその間のことでしょう。

戦前の海軍は、イギリスの影響を強く受けたのと、軍艦が海外を訪問することもあるため、西洋料理はもちろん、洋食もさかんに食べられていたそうです。オムレツやチキンライスのレシピは残っているそうですが、オムライスレシピは残念ながらないそうです。

横須賀の海軍カレーや、舞鶴の海軍肉じゃがなど、全国の港町で海軍食による町おこしが話題となったなか、2008年に呉は「戦艦大和のオムライス」を売り出したそうです。私が食べに行ったのはその直後のことでした。

呉市の喫茶店『レスト』の戦艦大和のオムライス。グリーンピースは5個。

オム日記

「オム日記」では、HP開設時の1996年から2018年までに
食べたオムライスをダイジェスト的にご紹介。
オム日記を振り返ると、苦労してオムライスにたどり着いた時の
感動と喜びがよみがえってきます。
デジカメがまだ高く、携帯電話のカメラも性能が良くない
初期のオム日記は画質が悪いですが、
時代とともに写真がキレイになっていきます。
そんな変化も味わいながらご覧ください。

※価格などは当時のものです。現在内容が大幅に変更している場合があります。

日記は下記のページに分けて掲載しています。

1996-1998年 …… P.038
1999-2000年 …… P.039
2001-2002年 …… P.040
2003-2004年 …… P.074
2005-2006年 …… P.075
2007-2008年 …… P.076
2009-2010年 …… P.101
2011-2012年 …… P.102
2013-2014年 …… P.103
2015-2016年 …… P.104
2017-2018年 …… P.105

オム日記

昼☀ 夜☾ 1996-1998

●1996年6月
初めてのノートPC（シャープ製、44万円）購入。リーネットでホームページ「きっしいのオムライス大好き!?」をオープン（容量3MB）。ダイアルアップ回線。アクセスカウンタ開始
●1997年7月
初めてのデジカメ（FUJI製35万画素、5万円）購入。オム写真が撮れるようになった

1997年7月22日／☾／晴れ
『一木亭（いちもくてい）』（神田）

目立たない洋食店。「オムライス」1200円。ほっそりタイプの正統派。ケチャップかけのやや焦げ目のついた薄焼きタマゴ包み。パラリと炒められたケチャップライスの出来はピカー。※現在は閉店

1996年6月29日／☀／晴れ
『ドンピエール』（京橋）

ちょっと緊張するフランス料理店。グルメ雑誌であこがれていた醤油味の「ビーフオムライス」2500円。ソースはなし、ふっくらタマゴ包み。中はたまり醤油で炒めたライス、具は大きな和牛がゴロゴロ。「チキンオムライス」も美味。※2014年、銀座一丁目に移転

1997年8月2日／☀／晴れ
『ランチョン』（神保町）

本屋街にある珍しいビアホール＆洋食屋。「オムライス」。ちょっと甘いオリジナルソースののるフェルト状の柔らかタマゴ包み。中のケチャップライスはハム入り、薄味。小ビールも注文。2Fで窓が大きく眺めの良い店内。

1997年3月29日／☀／晴れ
『メルシー』（早稲田）

学生街の食堂。「オムライス」590円。思ったほど大盛りではなかった。細長いオムライス、ケチャップ、薄皮のタマゴのクレープ巻き、中は炒めたケチャップライス。具は肉多め。焦げライスが逆に旨い。昼時は相席で。

1998年3月8日／☾／晴れ
『松下』（早稲田）

カウンター席の日本料理屋。電話予約。コース1万円のしめがオムライス。タマゴはフワフワオムレツで、上に牛テールお醤油煮の煮凝りがのる。ゴハンは、牛テールお醤油煮と一緒に炒めたお醤油味。珍しい和食のオムライス。※現在オムライスはなし

1997年7月9日／☾／曇り
『センターグリル』（桜木町）

横浜ジモティには有名な野毛の米国風洋食店。「オムライス」600円、トロミをつけたデミグラスソース、鶏肉を入れた厚焼きタマゴのせ。中が白いご飯だった！ レジで聞いたらケチャップライスなのは「特製オムライス」800円だそうだ。なるほど。

オム日記

1999-2000

昼☀ 夜☽

●2000年4月
デジカメ購入（FUJI製150万画素、5万円）
●2000年6月
これ以降写真データの保蔵あり
●2000年12月
マンションに引っ越し。ネットがLANになる

2000年2月12日
☀／晴れ
『旬香亭』
（赤坂）

足元の小さな看板だけが頼りの民家なので注意。「お昼のコース」3500円。しめが和風オムライス。黄色ピカピカのタマゴに、和風あんかけ。中はタケノコ入りのリゾット風ご飯。具は季節によって変わる。※2012年閉店

2000年5月6日
☽／曇り
『8 1/2
（はちとにぶんのいち）』
（緑が丘）

看板が出ていないので見つけづらい店。「オムライス」1260円は、私の食べたNo.1デミオムライス。ちょっと甘いデミ、薄焼きタマゴ包み。中はしっとりのケチャップライス、量は大ぶり。店名は「お店の広さが八坪半だから」。※3回訪問後、2016年閉店

2000年9月17日
☀／曇り時々雨
『たいめいけん』
（日本橋）

昭和6年創業の洋食店の老舗。「タンポポオムライス伊丹十三風」1850円は、映画『タンポポ』に登場したオムライスがモデル。バターの香りのふわふわオムレツを自分で切り開く。ケチャップライスにはハム入り。ケチャップは別容器で出される。

2000年12月28日
☽／晴れ
『レストラン吾妻』
（本所吾妻橋）

半熟オムライスの元祖。戦前に先代が創作した「オムライス」3500円は、東京一値段が高いオムライス。しかし、味、お店の雰囲気、サービス全て良し。ここの半熟オムライスを食わずしてオムライスは語れない。2000年のBest1オムライス。

1999年1月24日
☀／雨
『西洋料理 杉山亭』
（西小山）

目蒲線（当時）沿線の洋食屋さん。オムライス一番弟子kenta君が見つけた5点満点のお店。「杉山亭風オムライス」950円。半熟タマゴ、デミ、ライスはトマトソース炒め。平たいオムライスからは、1/4熟の黄身があふれ出し、個性的。1999年のBest1オム。

1999年5月28日
☽／晴れ
『紅亭』
（大宮）

黄色いドレスをまとった華麗な、元祖ドレス・ド・オムライス。「特製オムライス」2000円。苦めのデミソースとドレス状の半熟タマゴ巻き。フライパンの中でタマゴを渦巻状にネジリながら作っていました。※場所移転、営業日短縮

1999年11月24日
☽／雨
『ポムの樹』
（渋谷）

関西のオムライスチェーンの東京初進出店。「ケチャップオムライス（S）」850円。正統のケチャップかけタマゴ包み。中はケチャップライス。懐かしい関西の味がした。変わりダネの「お好み焼きオムライス」も気に入った。※場所移転

1999年12月10日
☀／晴れ
『エリーゼ』
（四ツ谷）

13席のカウンター中心の洋食店。正統派の「オムライス」780円。硬めのケチャップライスの具はベーコン。〝安い、旨い、ボリュームがある〟の三拍子がそろっている。エビフライやクリームコロッケなどのトッピングもある。※8回訪問後、2011年閉店

オム日記

●2001年10月　オム店リスト200店突破
●2002年10月　20万アクセス突破

昼☀　夜☽　2001-2002

2001年12月16日
☀／晴れ
『黒船亭』
（上野）

不忍池近くの老舗の洋食店。「オムライスハーフ」600円。ケチャップがけのタマゴ。包まれた中は、ケチャップ炊き込みライス、具はゴロリ鶏肉、海老など。どの料理も量が多いので、ハーフサイズを頼むと、他の料理も食べられて良い。

2002年1月12日
☀／晴れ
『レストランミュールMUR』
（目白）

某グルメライターに教えてもらったお店。「ふわふわ半熟卵のオムライス」1000円。とろとろ卵の上に苦めのデミグラスソース。中はバターの香りがする薄味ケチャップライス。ご飯粒がキレイにとがっています。※シェフ海外勤務につき2006年閉店

2002年2月23日
☀／晴のち曇り
『LA PETITE CHAISE
（ラ・プティット・シェーズ）』
（代官山）

オム弟子のNeosuke君おすすめの店。「オムライス」1200円。生卵とご飯を混ぜたものをオムレツで包む、最新流行り（当時）のオムレツリゾットタイプ。オレンジ色の海老ソース。※2006年閉店

2002年12月13日
☽／晴れ
『めぐろ三ッ星食堂』
（目黒）

オムライスの種類が増えたとお店の方からメールを頂いて訪問。「お正油オムライス」1100円。タマゴの上にマヨネーズと七味。中は、醤油とナンプラーで味付けしたライス。具は鶏肉がゴロゴロ、赤と黄色のピーマン。とにかくご飯の味付けが良い。

2001年3月6日
☽／晴れ
『煉瓦亭』
（銀座）

東京の元祖オムライスを名乗る店。「元祖オムライス」1250円はライスオムレツ。ご飯と一緒にミンチ肉などが入り、表面だけがちょっとカリッとしている。味は薄味なのでケチャップを付けながら食べる。オムライスの歴史が知りたい人は、一度はどうぞ。

2001年3月27日
☽／晴れ
『ひらやま亭』
（生麦）

テレビチャンピオン洋食王優勝のお店。「グルメふわふわ卵のオムライス」950円（スープ付き）。普通のケチャップかけ、5mmぐらいの厚さのフワフワのタマゴ包み。中は作り立てのケチャップライス。具は大ぶりの鶏肉など。横にあげたポテトがのる。

2001年11月22日
☽／快晴
『レストラン タマガワ』
（関内）

イセザキモールの近く。「特製オムハヤシ」1300円。お皿もオムライスもデッカイ。トロトロの半熟タマゴの上に、苦甘のハヤシソース。中は炒めたケチャップライスで、具は鶏肉いっぱい。関内一旨い。「レディースセット」だと食べきれる量になる。※閉店

2001年11月24日
☽／晴れ
『グリル満天星
麻布十番』
（麻布十番）

地下鉄開通で麻布十番が便利になった。オリジナルの「オムレツライス」1800円。デミグラスソースがけ、オムレツには小海老と帆立貝などが入る。中はベーキライスをケチャップで炒め、具はハムなど。ちょっと贅沢気分の落ち着いた雰囲気の洋食店。

オム対決

対決と言いつつ、勝敗のつけ難いお店ばかりです。
それぞれのお店に行ってみて、あなたの舌で判定してみてくださいね！

浅草

グリルグランド

S

どうやったらこんなに旨く作れるのだろうかと毎回唸ります。

ほろ苦ハヤシソースがタマゴと溶け合う

オムハヤシ

2200円

タマゴ	ふわとろ
ライス	ケチャップ
ソース	ハヤシ
ボリューム	中

創業昭和16年（1941）の老舗洋食店。浅草の喧騒から離れた、浅草寺裏手の静かなエリアにあります。牛肉とタマネギ、マッシュルームの入った苦めの贅沢ハヤシソースに、中はちょっと硬めのケチャップライスで鶏肉入り。ほのかに甘いタマゴとのコンビネーションが最高です。1階がカジュアルなテーブル席で、2階がお座敷席。

浅草観音裏で77年の歴史を守り続ける洋食の名店です。

INFORMATION

地下鉄・私鉄浅草駅6番出口徒歩8分。ランチ11時30分〜13時45分LO・17時〜20時30分LO、日・月休。台東区浅草3-24-6　☎03・3874・2351

みんなのオム愛

オムライスの写真をとにかく色っぽくしてください。（30代・男性）

私は昔ながらの薄焼きタマゴが好きですが、おいしければ半熟タマゴも許します。
タマゴ、ライス、ソースの三位一体のバランスの良さが大切です。

麻布十番

グリル満天星 麻布十番

ソースにバターは一切使わず、酸味が効いているのが特徴。

半熟タマゴにエビやホタテが見え隠れ!

オムレツライス

1940円

タマゴ	ふわとろ
ライス	ケチャップ
ソース	デミグラス
ボリューム	中

昭和63年の開店と同時に、年配の常連客向けに「一皿で全ての栄養が取れる料理を」と創作。なので珍しく魚介と肉が両方入っています。ソースは、エスパニョールソースに仔牛の骨、牛スジ、香味野菜を加えて1週間煮込む伝説のドゥミグラスソース。オムレツは茨城県の契約農家の放し飼いの鳥の卵3個でふるふるに仕上げます。

スタッフのサービスも良く、高級感がありながら居心地がいい。

INFORMATION

地下鉄大江戸線麻布十番駅7番出口徒歩1分。11時30分〜15時30分・17時30分〜22時（土・日は11時30分〜22時）、月（祝の場合は翌）休。港区麻布十番1-3-1 アポリアビルB1　☎03・3582・4324

みんなのオム案

デミグラスライス。ふわふわ系にはちょっと強めの味が合うから。（19歳以下・男性）

神田

美味卵家(うまたまや)

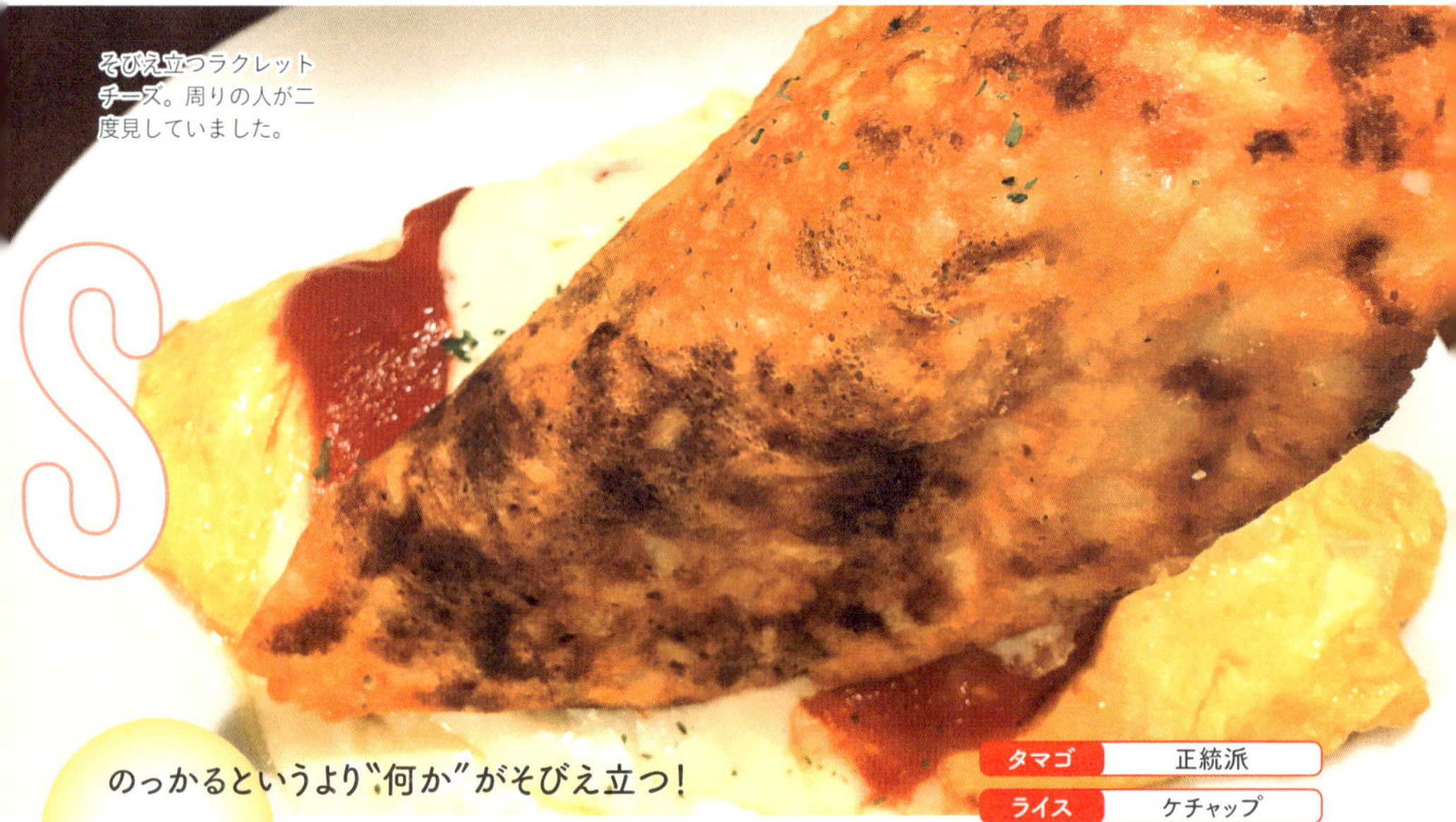

そびえ立つラクレットチーズ。周りの人が二度見していました。

S

のっかるというより〝何か〟がそびえ立つ!

焼きラクレットチーズのせオムライス

1600円

タマゴ	正統派
ライス	ケチャップ
ソース	ラクレットチーズ
ボリューム	大

少しずつ崩して食べるのが楽しい。トロトロ、カリカリ、ふわふわの三重奏!

オムライス専門店。コロッケや唐揚げなどの「のっけメニュー」はなんと30種類以上。何を頼もうか大いに悩みます。おすすめは男女ともに人気の「焼きラクレットチーズのせオムライス」。カリカリに焼いたラクレットチーズの傘、トロトロのラクレットチーズにトマトソース、ふんわりタマゴ。噂《うわさ》の〝全部のせ〟もあるらしいです。

INFORMATION

JR・地下鉄神田駅東口徒歩1分。11時〜15時LO・18時〜21時30分LO(土・日・祝は11時30分〜15時LO、売り切れ次第終了)、不定休。千代田区鍛冶町2-13-24 ☎03・5294・8008

に入って、その後も「一口……」が止まらなかった。(30代・女性)

オムライスを食べる時、隣でほかのメニューを頼んでいる人を見て
あっちも食べたいと思ったことがおありでしょう。その夢を叶える一皿です。

恵比寿

チャモロ

オムライスを覆い隠す牛タンは厚さ2cm、長さ11cm。スプーンで切れます。

厚さ2cmの厚切り牛タンが覆い尽くす

やわらか厚切り牛たんオムライス

1500円

タマゴ	ふわとろ
ライス	バター
ソース	デミグラス
ボリューム	中

客の9割が注文するそう。満席時には、階段下のボードに名前を書いて、歩道で待ちます。

1973年オープン、熟年ご夫婦で経営。10時間以上煮込まれたデミグラスソースに、オレンジ色と白色のコントラストが美しい半熟タマゴ。中のご飯はバターと一緒に炊きます。牛たんオムライスは、ドラマ『西部警察』（1979年〜）のスタッフが「牛タンとオムライスを一緒に食べたい」とリクエストして誕生したそうです。

INFORMATION

JR・地下鉄恵比寿駅西口徒歩1分。12時〜14時LO、19時〜22時LO、日休。渋谷区恵比寿南1-2-8 雨宮ビルB1　☎03・3710・7631

みんなのオム愛

オムライス好きの母とお店で食べた時、私のオムライスも気になって「一口ちょうだい」が始まり、こっちの方が気

石焼き/フライパン対決

二子玉川

ビストロ タマ

タマゴはまるでクリームをすくっているかのようにふわっふわ！
※15時～17時はオムライスなし。

S

フランスのエスプリ薫る!? 女子力高めオム

デミグラスソースオムライス

ランチセット1620円

タマゴ	スフレ
ライス	ケチャップ
ソース	デミグラス
ボリューム	中

女子率9割、おじさんには入りづらいけど勇気を持って！

オシャレな街・二子玉川駅の改札目の前のビル。〝モンサンミッシェルオムレツ〟の冠が付いたオムライスは、スフレのようで口に入れるとしゅわっと溶けます。小さなフライパン（スキレットと言うらしい）で供され、下にはケチャップライス。人気ナンバーワンはハンバーグをのせたオムライスだそうです。

INFORMATION

東急田園都市線・大井町線二子玉川駅徒歩1分。ランチ11時～15時・ティータイム15時～17時・ディナー17時～22時LO、無休。世田谷区玉川2-23-1 二子玉川ライズドッグウッドプラザ7F ☎03・3709・2105

みんなのオム愛

海外由来の食材と国民食の米との完璧なコラボです。これはもっと世界的にも評価されていい。（50代以上・男性）

石鍋やフライパンにのってジュージューと音を立てながら運ばれるオムライス、
テンション上がりますよね。お焦げも食べ比べてみてください。

都立大学

パワーフードレストラン COSI COSI（コジコジ）

具はひき肉。石鍋のおかげで最後までアツアツのままです。

焦げたケチャップライスがまた旨い

石焼オムライス

1382円

タマゴ	石焼き
ライス	ケチャップ
ソース	ケチャップ
ボリューム	大

アツッ！ 慌てて食べるとこんなふうになるので注意。

オープン当初の石焼き料理から、ロカボ、パワーフードと食の最先端を走るお店。ジュージューと音を立てて石鍋で提供されるオムライスは、ケチャップが焼ける香りと音だけですでに美味しい。最初は半生、最後は焦げたタマゴの変化を楽しみましょう。オムライスを石鍋に入れて熱するとは、お焦げ好き日本人好みのアイデアです。

INFORMATION

東急東横線都立大学駅徒歩5分。17時～22時40分LO（日は16時～21時40分LO）、月（祝の場合は翌）休。
目黒区八雲1-7-16 ☎03・5701・8041

みんなのオム愛

仕事が忙しい日の昼食にオムライスを食べて復活しました。（50代以上・男性）

水天宮前

レストラン ラグー

スリム具合は調理人によって異なるらしい。具は鶏肉、マッシュルームなど。

S

ちょっとすましたお姉さんタイプ!

オムライス

ランチ1080円　夜1296円

タマゴ	正統派
ライス	ケチャップ
ソース	ケチャップ
ボリューム	中

創業以来35年以上、ビーフシチューが自慢の洋食店。常連客に愛される正統派オムライスは、先が尖《とが》ったシャープなフォルム。薄焼きタマゴの中のケチャップライスは、チキンスープを加えて旨味たっぷりに仕上げています。接客歴の長いお母さんは、外を歩いている人がお店に入ってくるかどうかが見ただけで分かるそうです。

2代目のオーナーシェフ川島靖喜さんとお母さんが切り盛りします。

INFORMATION

地下鉄半蔵門線水天宮前駅3番出口徒歩5分。11時～14時LO・17時～21時30分LO（土・日・祝は11時～21時30分LO）※ランチは月～土、無休。中央区日本橋蠣殻町2-16-9　☎03・3663・6740

みんなのオム愛

どっちも大好きだけど、正統派で裏面がとろっとしてるのが一番好き！（40代・男性）

オムライスにもほっそりスリムな子とぽっちゃりふくよかな子がいます。
どちらにも良さはあるのです。さてあなたの好みは？

鐘ケ淵

Tomi'sキッチン

卵は飼料にこだわったものを使用。鶏肉はササミなので弾力満点。

はち切れんばかりのタマゴ包み！

オムライス

680円

タマゴ	正統派
ライス	ケチャップ
ソース	ケチャップ
ボリューム	大

店主が富山明人さんなのでトミーズキッチン！

2014年に開店した下町の洋食&中華食堂。何ともきれいな黄色タマゴ、今にもはち切れそうです。中華鍋でパラパラに炒め上げたケチャップライスの具は鶏肉、タマネギ。〝下町の健康ぽっちゃりのオムライス〟とでも名付けましょう。かなり大ぶりですが、ライスが薄味なので飽きません。メニューはなんと80種ほどあります。

INFORMATION

東武伊勢崎線鐘ケ淵駅徒歩4分。11時30分～14時30分LO・17時～21時LO、月休。墨田区墨田3-37-13
☎03・6657・3110

オムライスは、美味しい上にコメが沢山でお腹いっぱいになる。(30代・男性)

府中

カフェ＆バー コルト

野草はヨモギやオオバコなど、季節により変更。スープ、ドリンク付き。

いろいろサプライズありすぎ！

ラグビー飯

1500円

タマゴ	オムレツ
ライス	ケチャップ
ソース	デミグラス・カレー
ボリューム	中

府中は〝ラグビーのまち〟。ラグビーボールに見立てたオムレツライスの周りは、なんと野草！ 同ホテルは自社「東北牧場」で無農薬の野草や野菜を育てており、グループ全体で野草推し。卵も東北牧場の高級卵（1玉250円〜300円）を3個も使用し、「この値段で出すのは赤字だけど頑張ります」とのこと。

オムレツを割るととろとろタマゴが広がります。中にも野草が！

INFORMATION

京王線府中駅北口徒歩1分。4時30分〜21時LO（ドリンクLO22時30分）、無休。府中市府中町1-5-1 ホテルコンチネンタル1F ☎042・333・7113

みんなのオム愛

サンパウロの日本料理屋（2軒知ってます）、異国で夢にまで見たオムライスだった……。（50代以上・男性）

普通のオムライスじゃ嫌！ というあなたに、シェフが創意工夫を凝らした傑作を紹介。
卵にもこだわった2店、食べ比べてみてください。

池袋

サクラカフェ&レストラン池袋

茶巾オムは秋までの限定。撮影用に切ってあります。

NiceなOmurice!

茶巾オムライス

880円

タマゴ	茶巾包み
ライス	ケチャップ
ソース	なし
ボリューム	小

スタッフもお客さんもインターナショナルなこちらでは、チュニジア料理やギリシャ料理など珍しい料理が豊富。中でも巨大ハンバーガー入りグラタンが衝撃的ですが、24時間営業というのも驚異。日本らしく茶巾寿司に見立てたオムの中はチキンライスで、右ページと同じく「東北牧場」の高級卵を使用（実は同系列ホテル）。

チーズたっぷりのグラタン風オムライス880円もあります。

INFORMATION

JR・地下鉄・私鉄池袋駅西口（C6）出口徒歩3分。24時間営業、無休。豊島区池袋2-39-10 サクラホテル池袋別館1F ☎03・5391・2330

みんなのオム愛

隣を見たら友人がタマゴだけ食べ切ってた。（19歳以下・男性）

町田ほか首都圏5店舗

3 Little Eggs（スリー リトル エッグス）町田東急ツインズ

オムライスは30種類以上もあります。1人でも入りやすい。

イタリア産トマト使用。フレッシュハーブが香ります。

〝見てかわいい、食べておいしい、ドレスをまとったような華やかなオムライス〟のキャッチフレーズ通り、フォトジェニックでインスタ映えするオムライスが自慢。お店もアンティーク調の落ち着いた空間です。そびえ立つ黄色いオムライスは薄皮タマゴ、中は炊き込みケチャップライス。周りはモッツアレラ入りトマトソースの海。

先の尖ったツンデレなかわいいヤツ！

モッツアレラトマトオムライス

1274円＋Mサイズ162円

タマゴ	フリル
ライス	ケチャップ
ソース	トマト
ボリューム	小

INFORMATION

JR横浜線・小田急線町田駅直結。11時～23時、施設休館日休。町田市原町田6-4-1 町田東急ツインズ イースト8F
☎042・728・2205

みんなのオム愛

レストランに食べに行ったら、ドレス型になっていた。（20代・女性）

値段の高さではなく身長対決です。オムライスは基本的に横に寝ています。
その常識を打ち破る、上昇志向の強いオムライスを2つ紹介します。

都立大学

パワーフードレストラン COSI COSI

このビジュアルでオムライスと言われても誰も信じまい。

もはやオムライスというより何か新しい料理のよう。

同店の石鍋オムライスのうち、最も背が高いのはこの白スフレ。黄身の白い卵を使い、メレンゲ状にこんもりと泡立てる。中はキヌア、ワイルドライスなどスーパーフード入りの玄米ライスで、ブラックビーンズや枝豆など具だくさん。肉類を使わずベジタリアン向けでもある。私の知る限り日本一長い名前のオムライスかも。

雲のようにモコモコ膨らんだタマゴ!

スーパーグレイン玄米
ホワイトスフレオムライス

1598円

タマゴ	スフレ
ライス	ケチャップ
ソース	なし
ボリューム	大

INFORMATION

東急東横線都立大学駅徒歩5分。17時〜22時40分LO（日は16時〜21時40分LO）、月（祝の場合は翌）休。目黒区八雲1-7-16
☎03・5701・8041

みんなのオム家

本もって一軒ずつ回ります！　なんなら、はしごします。(20代・女性)

COLUMN 2

オムライスどこから食べる？

縦にして食べる人もいる！

「オムライス、どこから食べますか？」と聞かれて、即答できる人も少ないですよね。2017年、あるテレビ番組の座談会の時でした。運ばれてきたオムライスを「どこから食べる？」という話題になりましたが、三者三様でした。私は右端から食べ始め、司会のおおひなたごうさん（ギャグマンガ家）は皿を90度回転させて手前から奥に向かってすくい、カゴメの金野たかねさん（P110に登場）は豪快に真ん中から攻めていました。今まで50年近くもオムライスを食べてきましたが、オムライスをどこから食べるかは人によって違う！ というのは新たな気づきでした。

それを受けて今回、「オムライスどこから食べる？」というテーマで約230人にアンケート調査を実施しました。さてどこから食べる人が一番多いでしょうか？

90度回転
手前食い！
な…なんだあ
その食べ方は
あああああ！
真ん中斬り
豪快食い！
KAGOME

©おおひなたごう

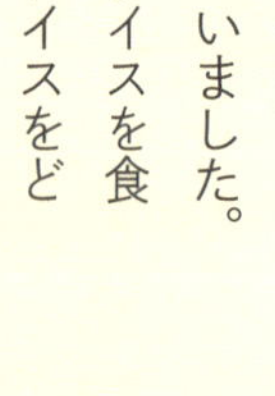

目玉焼きの黄身いつつぶす？9
おおひなたごう

おおひなたごう：「オムライスどこから食べる？」を含む食べ方グルメマンガ『目玉焼きの黄身いつつぶす？』をコミックビーム（エンターブレイン）にて連載。11巻が販売中。本書でギャグテイストあふれるイラストを担当。

人は〝端っこ〟から食べたくなるものである

結果発表です。1位は「左端から」52%（スプーンを裏返さずに食べられる）、2位は「右端から」22%。オムライスの木の葉形を見ると、どっちかの端から食べたくなるのは分かります。美味しいところをとっておくタイプですね。

　3位は「中央から（ケチャップ部分）」13%、意外といました。最初から一番美味しそうなケチャップのかかったタマゴとケチャップライスの部分から攻めるタイプ。

　少なかったのは、4位「右側手前から」8%、5位「左側手前から」5%でした。ケチャップのかかっていない部分の様子を見て、それからケチャップ部分との配分を調整する慎重派でしょう。

　ちなみに元オムライス店店員のTwitterにも、〝利き手と反対側から食べる〟が一番多かったとあります。

　また、オムライスの食べ方マナーについては、『少しのコツで印象が変わる美しい食べ方』（小倉朋子&岩下宣子著、枻出版社）の中で、「左側からすくって食べるのが美しい」と書かれています。今回の調査でも一番多かった箇所です。

　私もそうですが、オムライスの食べ始めについては、昔からずっと変わらないという方も多いのではないでしょうか。この本をきっかけに新たな場所から食べ始めて、味を比べてみるのも良いですね。

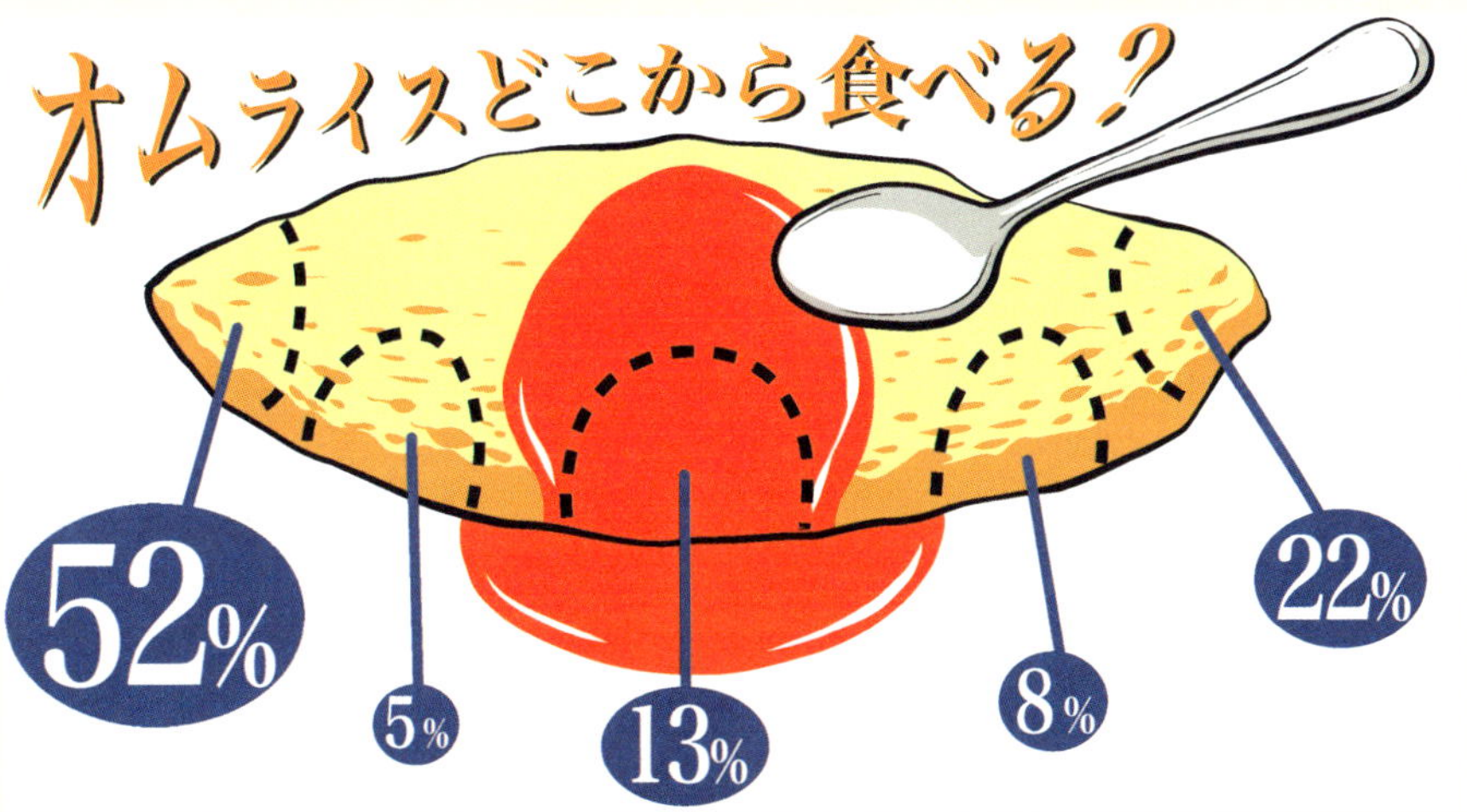

カラフル選手権

八王子

マル
八王子東急スクエア店

ナスやズッキーニなどが入り、ラタトゥイユのようです。

トマトの海に黄色い島！

いろいろお野菜と完熟トマトのオムライス
1274円

赤

タマゴ	ふわとろ
ライス	ケチャップ
ソース	トマト
ボリューム	中

INFORMATION

JR八王子駅北口徒歩1分。11時～21時LO（金・土・日・祝は11時～22時LO）、無休。八王子市旭町9-1八王子スクエア8F ☎042･643･8020

赤色は、イタリアの「LABONTA」缶の完熟トマト。6種あるオムライスの中でも、見た目の美しさと野菜たっぷりで女性や若者に人気です。野菜は八王子の地採りのもので新鮮。甘酸っぱいソースはライスとの相性も抜群です。

新宿

MOUTON
（ムートン）

名前通りのオムライス。数量限定につき注文は2人で1つ、要電話予約。

羊ずくめのサプライズオム

白いオムライス
1800円

白

タマゴ	正統派
ライス	ボロネーゼ
ソース	ラクレット
ボリューム	中

INFORMATION

JR・地下鉄・私鉄新宿駅東口徒歩1分。17時～翌3時（日・祝は～24時）、無休。新宿区新宿3-21-7 東新ビル4F ☎03･5315･4800

ピアノ生演奏もある大人のモダンパブ。白いオムライスは青森県産の白い黄身の卵を使用。中には羊肉で作ったボロネーゼライス、上には牛のラクレットチーズソース。そして真ん中から割るとサプライズが待っています。

みんなのオム愛

オムライスは右端から食べます。鯛焼きもしっぽからいくタイプなので。（20代・女性）

普通のオムライスに飽きたら、カラフルオムを探す旅に出てみませんか？
タマゴ、ライス、ソースによって、こんなに七変化するのです。

1個にホウレンソウを半束も使うそう。でも苦みや青臭さはありません。

紅茶専門店の意外なオム

ほうれん草のオムライス

950円

緑

タマゴ	ふわとろ	ソース	ケチャップ
ライス	ガーリック	ボリューム	中

1974年横浜で創業の紅茶専門店。こちらは馬車道通りのお店。ホウレンソウのピューレを加えた緑色の半熟タマゴの中は、ガーリック風味のベーコンライス。名物の甘いロイヤルミルクティーとピッタリで、セットは1400円。

馬車道

サモアール
馬車道店

中の具もイカ。北海道名物の「いかめし」っぽい味がします。

あまり出ないけど、根強いファンがいる！

イカスミのオムライス

950円

黒

タマゴ	ふわとろ	ソース	ケチャップ
ライス	イカスミ	ボリューム	中

外見は黄色ですが、スプーンを入れると驚きの真っ黒！　イカスミを使うのはパスタでは見ますが、オムライスでは初めて食べました。お客さんをびっくりさせるのが好きなスタッフさんたち。次なるカラフル新作を望みます（笑）。

INFORMATION

みなとみらい線馬車道駅5番出口徒歩2分。11時～22時、無休。横浜市中区弁天通4-67-1　☎045・201・3050
※オムライスは平日14時～

みんなのオム愛
綺麗に巻いてくれたコックさんに敬意を払い崩さないように右端からそっとスプーンを入れます。（40代・男性）

戸越銀座

洋食工房陶花（とうか）

デミソースはグラス・ド・ビアン（牛煮出汁）から5日間かけて作る。出汁はデミソースの要です。卵3個に生クリームで超絶トロトロに。ランチ時はタマゴ包みタイプになり、こちらも同じデミを使用。昼も夜も行くべきです。

デミになじむよう、茨城県産コシヒカリを硬めに炊くのがポイントだそう。

牛の出汁が味の決め手!

オムライス・デミグラスソース

半熟トロトロタイプ 1290円（夜のみ）

ふわとろ

タマゴ	ふわとろ
ライス	ケチャップ
ソース	デミグラス
ボリューム	中

INFORMATION

東急池上線戸越銀座駅徒歩4分。11時30分～14時30分LO・17時～22時LO、木・第3水休。品川区平塚2-18-3
☎03・3785・4410

春日

レストランTSUMURA

デミソースは牛スジに香味野菜などを加え注ぎ足しながら煮込む。濃厚な大人の味です。ブイヨンで炊き上げたケチャップライスの上には、こだわりの卵で作ったふわふわオムレツ。日比谷松本楼で修業したシェフの技が光ります。

オムレツを自分で割って広げるオープンタイプ。茶褐色のデミはコク深い。

濃厚デミの上にタマゴの花が開く

特製オムライス（特製デミグラスソース）

1300円（昼）、単品1500円（夜）

オムレツのせ

タマゴ	オムレツ
ライス	ケチャップ
ソース	デミグラス
ボリューム	中

INFORMATION

地下鉄三田線・大江戸線春日駅A6出口徒歩2分。12時～13時30分LO・18時～21時LO、月・火休。文京区西片1-2-7　☎03・6240・0497

みんなのオム愛

戸越銀座「陶花」好き。飽きない味。きれいなカタチ。（40代・女性）

一口にデミグラスといっても、タマゴの形状や中のライスで全く別物になります。
デミ好きのあなたに食べ比べてほしい4店です。

八王子みなみ野

ことり亭

味噌入りのデミソースにびっくりしていたら、中はしそもろみ味噌と醤油で和えたご飯、タマゴの下には隠し玉（生の卵黄）というサプライズの連続。ほかの料理にも味噌を使っていて、店主の健康への気配りが伝わってきます。

＋300円のお得なセットは、スープ、サラダに、昼は小鉢とコーヒーも付きます。
醸造調味料のコクを巧みに生かした

ハヤシきのこソースオムライス

（赤だしデミソース）1000円

INFORMATION

JR八王子みなみ野駅西口徒歩7分。11時～14時LO・17時30分～20時LO、日・第1と第3月休（祝の場合は営業、翌週の月休）。八王子市みなみ野3-11-4 ☎042・636・1081

味噌仕込み

タマゴ	ふわとろ
ライス	醤油
ソース	デミグラス
ボリューム	中

西小山

西洋料理 杉山亭

42年間変わらない街の洋食屋さん。オムライスは、3日間かけて熟成させたデミグラスソースに生クリームかけ。タマゴは横に閉じてある、ちょっと変わったスタイル。中のライスは鶏肉、タマネギ、マッシュルームがたくさん。

ケチャップライスをデミグラスソースにからめながら食べると美味。
「包む」のではなく「挟む」のです

杉山亭風オムライス withサラダ

1030円

INFORMATION

東急目黒線西小山駅徒歩3分。火～金11時30分～14時30分LO・18時～22時LO、土・祝11時～15時LO・17時～22時LO、日11時～15時LO・17時～21時LO、月休。品川区小山6-1-13 ☎03・3712・6222

クロワッサン型

タマゴ	正統派
ライス	ケチャップ
ソース	デミグラス
ボリューム	中

みんなのオム愛

作っていたらフライパン壊れた。いいフライパンを紹介して欲しい……。（19歳以下・男性）

学生街選手権

三田

亀喜（かめき）

1954年創業。和洋中何でもあり、夜はお酒も飲めます。

店主の愛、詰めすぎました!

オムライス

950円

慶応大学三田キャンパスに続く商店街にある町中華で、学生にもサラリーマンにも愛されるデカ盛りオムライス。具の鶏肉とタマネギも大きめ。定規で測りましたが、長さ19cm×幅13cmでした。私も見事に完食。

デカ盛り

タマゴ	正統派
ライス	ケチャップ
ソース	ケチャップ
ボリューム	特大

INFORMATION

地下鉄浅草線・三田線三田駅A3出口徒歩5分。11時～13時30分・16時～21時30分（土は昼のみ）、日・祝休。港区芝5-26-3　☎03･3451･7673

早稲田

メルシー

昔はラーメンの2倍の価格の贅沢料理だったそうです。

ラーメン付けても千円でおつりがくる

オムライス

590円

60年間学生たちの胃袋を満たしてきたラーメン店。中華鍋で作るのでちょっと油っぽく、そこがいい。タマゴはクレープ巻きでこんがり焼けています。ラーメン400円を付けても千円以内のこの安さ、早稲田界隈でもピカイチ。

安い

タマゴ	正統派
ライス	ケチャップ
ソース	ケチャップ
ボリューム	中

INFORMATION

地下鉄東西線早稲田駅3a出口徒歩1分。11時～19時、日・祝休。新宿区馬場下町63　☎03･3202･4980

みんなのオム愛　町中華オムライスも結構好き。(30代・男性)

学生街に今なお残る愛情食堂。
いつの時代も「学生さんに安くお腹いっぱいに」という店主の親心は変わらない！

早稲田

源兵衛

大正15年（1926）創業の酒場ですが定食も充実。大ぶりのオムライスの中はカラリと炒められたケチャップライス。中のハムやご飯がところどころ焦げているのが旨いんです。ジャンボオムライスはこの4倍の大きさだそうです。

手作り感があふれるオムライス。ほろ苦いデミが大人の味です。

甘くないデミソースの本格洋食

オムライス

850円

INFORMATION

地下鉄東西線早稲田駅2番出口徒歩10分。16時〜23時30分LO（早く閉まる日もあり）、毎月3・13・23日休。新宿区西早稲田2-9-13
☎03・3232・6635

デカ盛り

タマゴ	正統派
ライス	ケチャップ
ソース	デミグラス
ボリューム	特大

吉祥寺

カヤシマ

1976年創業。オムライスはふわとろタマゴのせ、具はハム、ピーマン、タマネギとシンプル。単品910円。980円の「ワクワクセット」は、ポークジンジャー、ハンバーグ、ソーセージ、シューマイから1品が追加できます。

ポークジンジャーは大きな肉が2枚。タレに甘みがありオムライスに合います。

おかずをプラスしてオム定食に！

オムライス

ワクワクセットプラス ポークジンジャー 980円

INFORMATION

JR中央線・京王井の頭線吉祥寺駅北口徒歩5分。11時〜24時、無休。武蔵野市吉祥寺本町1-10-9
☎0422・21・6461

おかず付き

タマゴ	ふわとろ
ライス	ケチャップ
ソース	ケチャップ
ボリューム	中

みんなのオム愛

麻雀をしながら片手で食べられる（学生時代）。タマゴとケチャップライスのバランスがいい。（50代以上・男性）

変わりオム選手権

タマゴにはバターの一種「ギー」を加えてあり、香りがいい。

エジプトのソウルフードとコラボ

コシャリオムライス

800円

錦糸町

コシャリ屋 コーピー

一見普通のオムライスですが、なんと中は「コシャリ」。コシャリは米にパスタや豆を交ぜてトマトベースのコシャリソースで味付けした食べ物（写真右）です。お店にはコシャリドッグやコシャリゾットなど攻めたメニューが満載。

コシャリ

タマゴ	ふわとろ
ライス	コシャリ
ソース	コシャリ
ボリューム	小

INFORMATION

JR総武線・地下鉄半蔵門線錦糸町駅南口徒歩5分。11時30分～15時・17時～21時（平日金曜は～23時30分）、月（祝の場合は翌）休。墨田区江東橋4-20-13 山田ビル2F
☎03・6869・2343

ライスはひじき入り。わさびが苦手な人は抜くことも可能です。

はんなり京都らしいオムどす

とろ湯葉オムライス

1134円

京都・出町柳

おむらはうす
出町柳店

京都からの参戦。変わりオムの元祖といえるオムライス専門店です。ライスはわさび醤油、ふわふわタマゴの上には出汁ソースに生湯葉。濃厚な大豆の味とタマゴの甘みがマッチしています。豆腐オムライスも捨てがたい。

湯葉

タマゴ	正統派
ライス	わさび醤油
ソース	出汁あんかけ
ボリューム	大

INFORMATION

京阪本線出町柳駅徒歩2分。11時～15時30分・17時～22時、月（祝の場合は翌）休。京都市左京区田中関田町22-75　☎075・712・0671

みんなのオム案

変なオムライスを見てみたいです。（40代・男性）

オムライスが誕生した約100年前は、こんなオムライスが出てくるなんて誰も思わなかったことでしょう。オム常識を覆す4店を紹介します。

八重洲

うに屋のあまごころ

ウニ尽くしのレストラン。ウニ入りトマトクリームソース、ウニ入りふわとろタマゴ、ウニの炊き込みご飯とウニ好きにはたまりません。東京駅構内で、電車の待ち時間にこんな贅沢なオムライスが食べられるとは嬉しいものです。

上にもウニたっぷり！ プリン体なんて気にしません。

壱岐の老舗ウニ屋が底力を見せる

思い出のうにオムライス

昼1490円／夜1512円

うに

タマゴ	ふわとろ
ライス	ウニ
ソース	ウニトマトクリーム
ボリューム	中

INFORMATION

JR東京駅構内 1F キッチンストリート。11時～22時LO、無休。千代田区丸の内1-9-1　☎03・6212・6224

新高円寺

七つ森

オープンは1978年。レトロな雰囲気の店内は童話の世界。オリジナルのオムごはんは、ノリののったぷよぷよオムレツの下に、牛肉しぐれ煮の混ぜご飯。具はゴボウ、タケノコ、エノキなど。お好みで山椒をどうぞ。

すき焼き風味にタマゴが合わないはずがありません。

日本人好みの甘辛和風味!

オムごはん

1085円

すき焼き風

タマゴ	オムレツ
ライス	すき焼き風
ソース	なし
ボリューム	中

INFORMATION

地下鉄丸ノ内線新高円寺駅2番出口徒歩4分。10時30分～23時30分LO、無休。杉並区高円寺南2-20-20
☎03・3318・1393

みんなのオム愛

オムライスは好きでも嫌いでもありません。そんな僕をオムライス好きにしてください。(40代・男性)

チェーン店選手権

池袋店

神田たまごけん

ありそうでなかったオムライスのファストフード店。サクッと手軽に食べられます。タマゴのとろとろ具合が格別。特製トマトソースで炒めたご飯もとろとろ、飲めるオムライスです。食べ放題の甘酢ピクルスが旨い。

オムライスは5分で提供されるよう訓練されています。早い、旨い！

オムライスは“飲むライス”!?
トマトオムライス

690円

INFORMATION

JR・地下鉄・私鉄池袋駅東口徒歩5分。11時〜22時45分LO、無休。豊島区東池袋1-23-8 東池袋ISKビル102
☎03・5992・6360　ほか秋葉原、神保町、福岡天神などに6店舗

早い

タマゴ	ふわとろ
ライス	ケチャップ
ソース	トマト
ボリューム	中

グランデュオ蒲田店

ポムの樹

全国約130店舗という日本最大のオムライスチェーン。明太子マヨネーズ、和風おろし、オムライスドリアなど多彩なメニューは40種類以上もあります。年配の方から食べ盛りの若者までSS〜Lの4つのサイズが選べるのも嬉しい限り。

プリプリのエビがたっぷり！中はバターライス。

いつかは全制覇してみたい
エビとキノコとほうれん草のクリームソースオムライスS

1274円

INFORMATION

JR・私鉄蒲田駅直結。11時〜21時30分LO、休みはグランデュオ蒲田に準ずる。大田区西蒲田7-68-1 グランデュオ蒲田西館7F
☎03・5713・6279
ほか全国に約130店舗

種類豊富

タマゴ	ふわとろ
ライス	バター
ソース	ホワイト
ボリューム	小〜大

みんなのオム愛

「ポムの樹」。いろんな味が楽しめるから。(20代・女性)

個人店も好きですが、大勢でチェーン店に行って色々な種類を頼むのも楽しいですね。普段は食べないオムにも挑戦できます。

宇都宮

ベビーフェイスプラネッツ

オムライス以外のメニューもあるファミリーレストラン。略して〝ベビフェ〟。創業以来人気の「ふわふわ帽子のオムライス」は、牛肉の旨味と香りが広がる特製デミグラスソースと、大盛りの相撲レスラーサイズも話題に。

とろとろのタマゴ、ケチャップの甘みが引き立つチキンライス。

関東ではレアな〝ベビフェ〟

ふわふわ帽子のオムライス

880円

INFORMATION

JR東北本線宇都宮駅南口車10分。11時30分〜23時LO（ドリンクは23時30分LO）、無休。栃木県宇都宮市簗瀬町1865-1 カルマーレ1F
☎028・612・1648
ほか全国に91店舗

常に進化

タマゴ	ふわとろ
ライス	ケチャップ
ソース	デミグラス
ボリューム	小〜大大

ベイエリア本店

ラッキーピエロ

函館限定のハンバーガーチェーンですがオムライスも旨い。570円〜と激安なのに巨大。人気のチャイニーズチキンがのったオムもあります。卵、鶏肉、牛乳など食材は地元産。さすが北海道ですね。女性スタッフが元気。

卵4個にライス330g！ ポテトも太くて食べ応え満点。

社長、全国展開してください！

ポテトオムライス

630円

INFORMATION

函館市電末広町停留場徒歩2分。10時〜翌0時30分（土は〜翌1時30分）、無休。函館市末広町23-18
☎0138・26・2099　ほか五稜郭公園前店、森町赤井川店など17店舗

個性派

タマゴ	正統派
ライス	ケチャップ
ソース	ケチャップ
ボリューム	大

みんなのオム愛

函館「ラッキーピエロ」。安くて美味しい、そしてポークライス。（30代・女性）

乗り物ビューなオム

有楽町

新幹線ビュー

ジュン喫茶室

1965年の東京交通会館創業からある喫茶店。中から新幹線が見え、テラス席ではオムとのツーショットが撮れます。「ドクターイエローが見える時もありますよ」と店主。黄色い車両とオムのレアショット、ぜひ撮りたいですね。

オムカラーの
車両を狙え！

びっくり オムライスランチ

930円

ライスオムレツはエビとマッシュルーム入りライス。新幹線が目の前！

タマゴ	ライスオムレツ
ライス	ライスオムレツ
ソース	トマト
ボリューム	小

INFORMATION

JR山手線・地下鉄有楽町駅京橋口・中央口徒歩1分。10時～20時（土・日・祝は11時～19時）、東京交通会館休館日休。千代田区有楽町2-10-1 東京交通会館3F　☎03・3211・5987

羽田空港

飛行機ビュー

エアポート グリル＆バール

羽田空港内、目の前に飛行機が見える絶景レストラン。家族連れが多いので、意外とカウンター席がすいています。オムライスはふわとろタマゴにバターライス、ハヤシソースたっぷり。ひとつ上の展望デッキも気持ちよい。

オムライスだって
空を飛びたい

とろとろ玉子の オムハヤシ

1210円

飛行機ビューのカウンター。見とれて食べる手が止まりそうです。

タマゴ	ふわとろ
ライス	バター
ソース	ハヤシ
ボリューム	中

INFORMATION

京急空港線羽田空港国内線ターミナル駅・東京モノレール羽田空港第2ビル駅徒歩5分。8時～21時LO、無休。大田区羽田空港3-4-2 第2旅客ターミナル4F マーケットプレイス　☎03・5756・0033　※オムライスは10時～

みんなのオム愛

オムライスを作るのが元々上手だった旦那が、リクエストし過ぎて年々質が上がってます。感謝。（30代・女性）

おじさんは乗り物が好きです。乗り物を見ながら、
大好きなオムライスを食べられたらもっと幸せ。子供よりはしゃぎそうです。

馬車道

船ビュー

横濱たちばな亭

横浜赤レンガ倉庫店

赤レンガ倉庫内、〝空飛ぶオムレツ〟のパフォーマンスで大人気。じっくり煮込んだデミグラスソースとトロトロタマゴ。残念ながら館内からは船は見えませんが、表に出ると大桟橋に停泊している豪華クルーズ船も見えます。

運がよければ
豪華クルーズ船も

洋食屋さんのオムレツライス

950円

タマゴ	ふわとろ
ライス	ケチャップ
ソース	デミグラス
ボリューム	中

豪華クルーズ船寄港時がチャンス！他の船も見られます。

INFORMATION

みなとみらい線馬車道駅・日本大通り駅徒歩6分。11時～20時30分LO、無休。横浜市中区新港1-1-2 横浜赤レンガ倉庫2号館1F　☎045・650・8752

御徒町

在来線ビュー

吉池食堂

創業90年を超えるデパート『吉池』がリニューアル。最上階の大食堂は和洋中何でもあり、眺望抜群。山手線や京浜東北線が通る御徒町駅が見下ろせます。『吉池』が鮮魚店発祥とあって、オムライスにもサケやイクラを使用。

オムと一緒に
電車を見下ろす

鮭・いくらオムライス

900円

京浜東北線や山手線が見下ろせます。新幹線は地下なので見えません。

タマゴ	ふわとろ
ライス	鮭
ソース	イクラ
ボリューム	中

INFORMATION

JR山手線・地下鉄御徒町駅徒歩1分。11時～23時（日・祝は～22時）、無休。台東区上野3-27-12　☎03・3836・0445　※順番に空いている席へ案内するため、窓際は確約できません。予約も不可。

みんなのオム愛

本を読んであらゆるオムライスを貪り喰いたいです！（30代・男性）

おじさん1人オム

淡路町

松栄亭

作家気分で
思索に耽りながら
オムライス
900円

明治40年（1907）年創業、洋風かきあげが名物。池波正太郎が通ったお店としても有名です。円形のオムライスにケチャップ。おじさんの散歩中の小腹満たしにぴったりです。作家気分で、本など片手に。

タマゴの裏の半生部分がライスに絡んで美味。おじさん1人客が多いです。

タマゴ	正統派
ライス	ケチャップ
ソース	ケチャップ
ボリューム	中

INFORMATION

地下鉄丸の内線淡路町駅A3出口徒歩3分。11時～14時30分・17時～19時30分（土は昼のみ）、日・祝休。千代田区神田淡路町2-8　☎03・3251・5511

美術館でオム

上野

CAFÉ すいれん

アート鑑賞後の
余韻とともに
オムライス
1180円

世界遺産・国立西洋美術館内のカフェ。ふわふわオムレツの中にケチャップライス。上にはケチャップとデミグラスの2色のソース。チケットがなくても前庭のロダンの彫刻を鑑賞して、カフェを利用できます。

©国立西洋美術館

できれば展覧会を見た後にいただきましょう。新緑の季節がおすすめです。

タマゴ	正統派
ライス	ケチャップ
ソース	ケチャップ&デミグラス
ボリューム	中

INFORMATION

JR上野駅公園口徒歩1分。10時～17時15分（食事11時～16時30分）、金・土は10時～21時（食事11時～20時10分）、月（祝の場合は翌日）、美術館休館日休。台東区上野公園7-7 国立西洋美術館1F　☎03・5834・7056

みんなのオム愛

ふわとろも好きだがずっと食べていられるのは正統派。（20代・女性）

1人になりたい時も、美術を堪能したい時も、人はオムライスを求めるのです。
シチュエーション別のオム4品を紹介します。

神保町

昼飲みオム

ランチョン

実はオムライスは
ビールとも合う
オムライス
900円

明治42年（1909）創業のビアホール&洋食屋。なので昼間からビールも注文。柔らかタマゴの上は、トマトベースの酸味がきいたオリジナルソース。ハムとマッシュルームの入ったケチャップライスは優しい味です。

タマゴ	正統派
ライス	ケチャップ
ソース	オリジナル
ボリューム	中

窓からは明るい日射し。昼ビール＋オムライス＋読書なんて幸せですね。

INFORMATION

地下鉄神保町駅A5出口徒歩1分。11時30分〜21時LO（土は〜20時LO）、日・祝休。千代田区神田神保町1-6　☎03・3233・0866

秋葉原

萌えオム

欧風ギルドレストラン
ザ・グランヴァニア

メイドさんの
お絵かきに萌え〜
オムライス
864円

夢の国・秋葉原のお絵かきオムが低価格で楽しめます。私の行きつけの初心者向けメイド喫茶&コスプレ居酒屋。ふわふわタマゴと、具の大きいケチャップライスのオムライスもちゃんと美味しい。これでこの価格は安いです。

タマゴ	ふわとろ
ライス	ケチャップ
ソース	ケチャップ
ボリューム	中

難しい「きっしいぐま」をスラスラと上手に描いてくれた！ありがとう！

INFORMATION

JR・地下鉄・つくばエクスプレス秋葉原駅電気街口徒歩1分。12時〜23時、月休。千代田区外神田1-14-3 電波会館2F　☎03・3251・5359

みんなのオム愛
色合いが華やかで目出度い感じが好き。ご飯モノの中では、ビールとの相性が良い。（40代・男性）

意外なところに絶品オム

そば屋

東日本橋

長寿庵
柳ばし本店

オムライスともりそば！のオーダー可能

オムライス

900円

もりそば570円もシコツルで旨い。

タマゴ	正統派
ライス	ケチャップ
ソース	ケチャップ
ボリューム	中

ビーフカツレツにマカロニグラタンなど、そば屋とは思えない洋食メニューがズラリ。「そばより好き」というファンも多いオムライスは、見た目はぷっくり、薄皮タマゴの中はケチャップライス。メロンやハムがのるのもうれしい。

INFORMATION

地下鉄浅草線東日本橋駅B3出口徒歩5分。11時〜14時30分・17時〜20時30分（第3土は昼のみ）、日・祝休。中央区東日本橋2-24-16 東日本橋ビル1F ☎03・3851・3338

本屋

日本橋

丸善カフェ
日本橋店

本屋の奥の良い香りにつられて

早矢仕オムライス

1280円

量は小ぶり。買ったばかりの本を読みながらオムライスを味わおう。

タマゴ	正統派
ライス	白米
ソース	ハヤシ
ボリューム	小

ハヤシライスの生みの親と言われる早矢仕有的氏が創業した丸善の、日本橋店3階奥にある喫茶店。オムライスにも伝統の「ポーク早矢仕ソース」がかかります。中は白いご飯。ハヤシライスのオムレツのせ、といったイメージです。

INFORMATION

地下鉄日本橋駅B3出口徒歩1分。9時30分〜20時30分LO、無休。中央区日本橋2-3-10 日本橋丸善東急ビル3F ☎03・6202・0013

みんなのオム愛

きれいなオムレツの形を見ると、技あり！　と食べる前から感動（期待）できる。(40代・女性)

オムライスが美味しいのは洋食店だけではないのです。
そば屋、本屋、区民会館、憲政記念館にも名オムが隠れています。

松陰神社前

区民会館
レストラン けやき

昭和33年創業。タイムスリップしたかのような世田谷区民会館内のレトロレストラン。懐かしい食券（硬券）のもぎりに、白いエプロンのウェイトレス。滝のある池の眺望が素晴らしい。2020年から建て替えが始まるので急げ！

公共の施設で
隠れた名オム発見
オムライス
730円

タマゴ	正統派
ライス	ケチャップ
ソース	デミグラス
ボリューム	中

デミソースのかかったキレイなタマゴ包み。建物はなんと前川國男の設計。

INFORMATION

東急世田谷線松陰神社前駅または世田谷駅徒歩5分。10時～17時LO、土または日休。世田谷区世田谷4-21-27 世田谷区民会館B1
☎03・3412・1230

永田町

憲政記念館
霞ガーデン

国会議事堂前、衆議院が管轄する施設内にある落ち着いたレストラン。教科書に出てきた日本水準原点や、国立国会図書館もすぐ近くです。オムライスはハヤシソース、ちょっと甘めのふわふわタマゴ。窓からは洋風庭園が見えます。

国会議事堂目の前
議員の方々も来ます
オムライス ハヤシソース
1200円

タマゴ	ふわとろ
ライス	ケチャップ
ソース	ハヤシ
ボリューム	中

来るのは国会に関係のある人くらいなので、昼時も空いている穴場。

INFORMATION

地下鉄永田町駅2番出口徒歩5分。10時～17時（食事は11時～16時30分LO）、土・日・祝休。千代田区永田町1-1-1 憲政記念館内
☎03・3581・9941

みんなのオム愛

子供の頃、母が、チキンライスをお米から炊いて作ってくれたのが、今も忘れられない味。（50代以上・女性）

COLUMN 3

オムライス屋やりたいんですけど！

『神田たまごけん』FC加盟から始めてみる？

いろいろなオムライスを食べ歩いているうちに、「自分もオムライスで一旗あげたくなった！」という夢を抱かれた方も、多くはないですがいらっしゃるでしょう。そんな方のために、『神田たまごけん』（P64）をフランチャイズ（FC）展開する株式会社TGK社長の安藤隼人さんに色々お聞きしてみました。

安藤社長はもともとエンターテインメント施設の料理部門で働いていましたが、そこで「オムライス」の注文が多いことに目をつけ、2007年に独立。神田にオムライス専門店『神田たまごけん』第1号を開店しました。食券方式で食べられる、日本初の〝ファストフード型オムライス〟として話題を集め、その後次々と直営・FC店を出店しました。

『神田たまごけん』が珍しいのはFC加盟店を積極的にHPで募集していること。「簡単オペレーションでアルバイトのみで店舗運営可能！」「オムライスは人材確保に有利！」などと多くのメリットが書かれていますが、実際のところどうなのでしょう？　社長にグイグイ喰いこんでみました。

1980年生まれと若手ながらやり手の安藤社長。

回転率もよいので狭小店でも売り上げが伸びやすい。

Q オムライス店が他の飲食店より良いところは？

A 競合が少ないことです。ラーメン店やカレー店のように一つの駅前にも複数店舗あるものでもない。また売り上げ、原価などの安定性が高い（ラーメン店だと暑い時季は売上げが下がる）。さらにオムライスの単品原価率は20％と、ラーメンやカレーに比べて低い。あと、スタッフの確保がしやすい（ブラックなイメージのある飲食店の中でもオムライス店はイメージが良いらしいです）。

Q 本当に本部がサポートしてくれるの？

A ①資金調達②物件探し③従業員確保とトレーニングは本部が全てサポートします（一部別途有料）。

Q オペレーションは簡単？

A 基本のライスに本部支給のソースでバリエーションを出しており、タマゴを巻くのではなくふわとろタマゴをかけるだけなので、経験も技術も不要。飲食未経験から約2週間の研修で開業されている方もいらっしゃいます。

Q お金はいくらぐらいかかるの？

A お店探しや内装など合わせて1000～1500万円ぐらいは必要です。加盟金通常100万のところ、現在は0円というキャンペーンもあります。

Q ぶっちゃけ、もうかるの？

A 池袋店は9坪で月600万円という驚異の売り上げを記録しましたが、立地によってかなりの差はあります。流行りものではないので、ラーメンなどに比べ爆発的な集客は今のところ望めないですが、安定感はあるといえます。

Q 脱サラや定年後でも始めることは可能？

A 可能ですが、当然ながら努力ができる人、売り上げ・経費などお金の管理がしっかりできる人でないと厳しいです。できれば『神田たまごけん』のオムライスを気に入った方に来てほしい。逆に、自分で作りたいオムライスがあるならば、独立を目指すほうが良いでしょう。

基本のメニューは全店共通ですが、FC店独自メニューも大歓迎（事前に本部の承認は必要）で、過去には「サルサオムライス」などがあったそう。いろいろ挑戦できそうですね。

安藤さんの夢は、牛丼やハンバーガーのように、誰でも気軽に安く食べられる「日常食としてのオムライス」を確立して、世界に認められる「日本食」にすること。そして、その可能性は十分にあるとのことでした。私もオムライスでの世界制覇に協力したいと、安藤さんとがっちり握手を交わしました。

期間限定、トリュフとオマール海老ソース（写真は合いがけ）

オム日記

昼☀　夜☽　2003-2004

●2003年7月
USB接続外付ハードディスク40GB（2万円）購入
●2004年5月
オム店リスト300店突破

2003年4月6日
☽／晴れ
『喫茶 自遊人』
（京都）

「わあ!! オムライス」1800円。お焦げが美味しい土鍋オム。トマトソースの上には黒ゴマペースト。具はデッカイ鶏肉と香ばしい胡桃。ご主人が関西のおっちゃんで面白いです。店内にもおかしなものがいっぱいで楽しいお店です。※2008年閉店

2003年8月3日
☀／晴れ
『魚菜や（さかなや）』
（渋谷）

ランチ全部680円。オムライスはキンピラや鯛のお汁などがついてお得。タマゴはフワフワ、具は枝豆、コーン、プリプリ小海老と帆立。オーロラソース。“安かろう不味かろう”の渋谷で貴重な、腕の良いシェフがちゃんと作った味がします。※閉店

2003年10月3日
☀／晴れ
『石鍋空間COSI COSI』
（都立大学）

石鍋料理のお店。ランチの「石鍋オムライス」900円。アチアチの石鍋、生卵の上にケチャップ。下は炊き込みケチャップライスで具はなし、石鍋にくっついたお焦げが旨い。最後はオセンベイぐらいカリカリでまたまた旨い。※現在は夜のみ

2004年8月29日
☀／晴れ
『Loup-de-mer
（ルー・ド・メール）』
（神田）

『ドンピエール』の元総料理長が独立したお店。ランチの「特製チキンオムライス」1500円。通常13時半～（当時）ですが、早めに作ってくれました。タマゴは絶妙のフワフワ、生クリームたっぷり。素材、調理ともにレベルが高いです。2004年No.1店。

2003年1月22日／☽／晴れ
『プクプク亭』（日吉）

今日は私の44歳の誕生日だったが、残業で会社帰りに一人オム。「デミのオムライス」900円。旨いデミ、フワフワタマゴ。いつもは端からだが、ブーメラン形なので食べ難い、真中から攻めました。※この後20数回通ったが、現在オムライスはなし。

2003年2月22日／☽／曇り
『洋食工房 陶花』（戸越銀座）

2001年11月オープン、和食器を使用した気楽な感じの洋食屋さん。知人3人と久しぶりにお店へ、3回目。4人なので色々オーダーできました。昼は正統派タイプ、夜は半熟タイプとなります。「デミグラスソースオムライス」1200円。デミソースとのバランスが良い。

2003年3月15日／☽／曇り
『グリル グランド』（浅草）

テレビ番組「どっちの料理ショー」で、このお店の映像が一番きれいで美味しそうに映っていたのを憶えています。「オムハヤシ」1800円。牛肉が柔らかい! 行って大満足!! 今までこんなお店を知らなかったとは、まだまだオム道は遠い。※2003年No.1店。

オム日記

2005-2006 昼☀ 夜🌙

●2006年9月
東京23全区オムライス制覇→次は日本全国制覇を目指す!

2006年5月23日
☀/うす曇り
『富士屋ホテル
グリル ウィステリア』
(神奈川県箱根)

箱根を代表する老舗、富士屋ホテルのレストラン。箱根旅行の2日目昼に行きました。「蟹オムライス」3000円。ご飯入りのオムレツを、ホワイトとトマトの2種類のソースで味わう。タマゴもソースも美味しいのですが、フライになった蟹足に違和感。

2006年9月9日
☀/晴れ
『カフェテラス ぼくんち』
(西葛西)

「ケチャップオムライス」890円。甘めのタマゴ。中身は鶏肉、ベーコン、ニンジンなど具タップリのケチャップライス。上の漬物野菜はちょっと合わない。夏のような日差しの中を江戸川区にお出かけ。東京23区オム制覇! オムライスに旗を立ててお祝い。

2006年10月9日
☀/晴れ
『すごう食堂』
(青森県黒石)

青森温泉旅行、黒石駅前のレトロ食堂。「オムライス」640円。ケチャップライスには所々黒いお焦げが交ざっていて、鉄のフライパンで作った味がする。昔はみんなこうだった素朴な味。大正時代の建物は、1Fの屋根は左に、2Fは逆に右に傾いている。

2006年12月1日
☀/晴れ
『森の洋食屋
カフェ栖(すみか)』
(熊本県阿蘇)

築100年以上の馬小屋を改築したカフェレストラン。「オムライスセット」1400円。甘めのデミ、柔らかタマゴ。ケチャップライス。一口食べて「懐かしい関西味〜! (ここは九州ですが)」。野菜の胡麻和え、味噌汁が付く。阿蘇の素材の良さがわかる。

2005年4月11日
🌙/曇り
『グリル アローン』
(京都)

巨大オムが有名な喫茶店。京都のオム友〝きゃしー〟と。「オムライス」630円。お皿からあふれんばかりの直径20cmもの超特大オムライス。ご飯は2合!!「大食い選手権」に出場したつもりで食べきったが、お腹いっぱいでしばらく動けなかった。※現在閉店

2005年6月11日
☀/曇り
『七つ森』
(高円寺)

元はお茶屋さんの蔵の喫茶店。地元在住の知人と高円寺のオムを探検。オリジナルの和風オムライス、ランチの「オムごはん」1085円。ノリとネギののったオムレツに山椒がかかる。下は、和風の砂糖醤油味で炒めたご飯で、具は甘いスジ肉。メチャうま〜。

2005年10月8日
🌙/曇り
『ヨシカミ』
(浅草)

「うますぎて申し訳ないス!」の看板。週末には開店と同時に満席に。「オムライス」1200円。ケチャップライスの具はハム、タマネギ、マッシュルームとグリンピース。懐かし〜い味。オープンキッチンから、テキパキと料理を仕上げる様子が見られる。

2005年12月9日
☀/晴れ
『ざ・だいにんぐ
なつかし家』
(大宮)

昭和の懐かしい看板、駄菓子や調度品の飾られた居酒屋。「ケチャップオムライス」930円。厚めのタマゴ、中身は濃いめの味付けケチャップライス。具は鶏肉、タマネギとマッシュルームたっぷり。付け合わせのポテトが旨い。お店の前にネコ2匹。

オム日記

昼☀ 夜☽ **2007-2008**

●2007年7月
「オムライスを400個食べた男」と雑誌に紹介される
●2007年8月
オム店リスト400店突破
●2008年8月
パソコンが壊れた。1カ月先祖返り（-.-)

2008年3月22日
☀／晴れ
『喫茶げるぼあ』
（日本橋）

「オムライス＋コーヒー」930円。昔ながらの正しいオムライス。スパゲティとサラダ。味噌汁はダシがよく出ている。カリっとしたタマゴがまた旨い。初訪問でしたが、当たり〜。まだまだ知らないお店があるものです。コーヒーもストロングで旨い。

2007年2月4日
☀／晴れ
『レストランカフェフラワーズ』
（静岡県富士）

がくでん（岳南鉄道）に乗りに行ったついでに。「ハッシュドビーフオム」1000円。マイルドな味のハッシュドビーフは肉も柔らか。フワフワのタマゴはスフレみたいで口の中で溶けます。三位一体のフワフワトロリーンな食感は、初体験です。感動!

2008年9月2日
☀／晴れ
『森のレストラン赤ずきん』
（宮崎県宮崎）

「日本縦断鉄道の旅〜稚内から枕崎まで4日間」の途中、「オムライスとちきん南ばん」1180円。オムもチキン南蛮もメチャ旨い、全国ランキング2位認定♪ 宮崎は食材が素晴らしい!! 旅先で美味しいオムを見つけると、跳び跳ねるうれしさです。

2007年6月17日
☀／晴れ
『レストラン スコット』
（山梨県甲府）

「オム47都道府県制覇への道!」の第6弾。特急かいじに乗って甲府へ。「オムライス」1000円、薄焼き厚さ1mmのタマゴ、具は鶏肉、マッシュルーム。ケチャップライスが薄味で、しっかり煮込まれた濃厚なデミとからめると旨い〜!! 2007年No.1店。

2008年12月9日
☀／晴れ
『雪印パーラー』
（北海道札幌）

札幌に2週間出張。大通公園の観光ボランティアさんが教えてくれたお店へ。「オムライス」700円。「お客様にはデミグラスオムをおすすめしておりますが、私たちに人気なのはケチャップオム☆」と本音トークの女性店員さんに微笑みながら、注文しました。

2007年8月1日
☽／晴れ
『Pre De'（プレディ）』
（下丸子）

地元初の24時間営業ファミレス、デニーズの新スタイル店。「とろ〜り卵とチーズのオムライス」580円。甘いデミ、半熟タマゴの中にとろりチーズ。ソース頼みになりがちなファミレスのオムライスの中で、まっとうに作っています。現在はデニーズ。

2008年12月28日
☀／曇り
『台北駅B1Fフードコート』
（台湾）

台湾新幹線に乗りに台湾旅行。「日式猪排蛋包（とんかつオムライス）」110元（＝300円）。味噌汁付き。台湾ではオムが流行っている様子でいくつかのフードコートに行きましたが、どこでも〝蛋包飯〟（中国語でオムライス）がありました。

2007年12月22日
☀／晴れ
『OGAWAKEN cafe』
（新橋）

歴史のあるカフェ。妻と休日のランチへ。「オムライス」1400円。フカフカタマゴはクリーミー、甘めのケチャップ、ケチャップライス。見た目が良くて、味も良い。近頃よくTVに出ているので久しぶりに訪問しました。ランチデート向き。※現在閉店

第2章

オム学入門

ここからは皆さんに、オムライスについて勉強していただきます。
オムライスは奥が深い食べ物。世界の歴史、日本の経済、
意外なところではファッションとも深い関わりがあるのです。

天津飯はなぜオムライスではないのか

オムライス学の話を始めるには、まず「オムライス」とは何を指すのか？　ということを定義することが大切です。しかしその前に、「オムライス」という言葉について考えてみましょう。どこの国の言葉でしょうか。英語かな？　フランス語かな？　違います。オムライスは外国の言葉ではなく日本生まれの言葉で、オム（オムレツ）とライスの組み合わせだと言われています。なのでアメリカ人やフランス人に言っても通じません。

オムライスという言葉は、大阪『北極星』の初代北橋茂男氏が、お客さんにケチャップライスを薄焼きタマゴで包んだ特製料理を出し、名前を聞かれ「オムライス」と即座に命名したとされます。大正14年（1925）のことです。

またオムライスのレシピが最初に登場する本は、『手軽においしく誰にも出来る支那料理と西洋料理』（小林定美著、文僊堂　1926）。その本の中に、「オム、ライス（卵と肉の飯）」が掲載されています。（P83参照）

では、オムライスの定義です。世界にはご飯をタマゴで包んだ、もしくはご飯の上にタマゴをのせた料理が色々あります。例えば、茶巾寿し、親子丼、天津飯。これらが「オムライスである！」「オムライスでない！」の線引きはどこにあるのでしょうか。

『大辞林 第三版』（三省堂）には、オムライスとは「油でいためケチャップなどで味つけした飯を薄い卵焼きで包んだ日本独特の料理」。『広辞苑 第六版』（岩波書店）には「炒めてトマトケチャップなどで味付けした飯を薄焼き卵で包んだ日本独特の料理」。Wikipediaには、「日本で生まれたコメ料理のひとつで、ケチャップで味付けしたチキンライス（またはバターライス）を卵焼きでオムレツのように包んだ料理であり、日本料理のうち洋食に分類される」とあります。となると、茶巾寿しは、中が酢飯なので×。親子丼と天津飯

みんなのオム愛

ふわとろも好きだけれど、やっぱり正統派に戻ってくる。（30代・女性）

は、中が白いご飯なので×ですね。
まとめるとオムライスとは、

①炒めてトマトケチャップなどで味付けした飯を
②薄焼きタマゴで包んだ

ものと考えられます。上にケチャップをかけるのは必須ではないようです。

しかしこれは現代というより昭和のオムライスという気がします。私は2000年にHPで「オムライスとは」について書いています。当時はオムライスとは、

- **中身はケチャップで炒めたライス**
- **薄焼きタマゴで包まれている**
- **ケチャップがかかっている**

としました。正統派オムライスの定義です。しかし近年ではオムライスのバリエーションが増え、

- **中身はデミグラスソース炒めやバターライス**
- **ふわとろタマゴやオムレツがのっている**
- **デミグラスやホワイトソースなどがかかっている**

ものもあります。これも全てオムライス。

つまり近年のオムライスは、昔ながらの正統派オムライスのほかにも、半熟オムライス、変わりダネオムライスなど、バリエーションが豊かになっているのです。

茶巾寿し

親子丼

天津飯

正統派オムライス

半熟オムライス

みんなのオム愛
当然だが、1皿ずっと同じ味で、食味の変化が乏しい。(50代以上・男性)

東も西もお客さんの要望から始まった

日本には明治の文明開化により、西洋からさまざまな料理や調味料が入ってきました。オムレツ、ホールコットレット、ビーフクロケット、カレー粉などがその一例です。しかしそのままではこってりしすぎているし、ご飯のおかずにはなりません。そこで明治〜昭和初めのコックたちが「ご飯と合う」ように作り上げたのが「洋食」（西洋からきた料理を、日本人が食せるように改良した料理）。ホールコットレットからはトンカツが、ビーフクロケットからはコロッケが、カレー粉からはライスカレーが誕生。皆さんの好きなこれらのメニューは、すべて日本生まれなのです。

　では、オムライスはいつ生まれたのか？　東と西で元祖とされる店があります。まずは東。明治34年（1901）に東京・銀座の『煉瓦亭』（P87）で「ライスオムレツ」が誕生。ライス入りのオムレツなので今のオムライスとはスタイルが違いますが、ルーツの一つと言えます。

　次は西。前ページのおさらいになりますが、大正14年（1925）に大阪『パンヤの食堂（後の北極星）』で誕生。いつもオムレツとライスを頼んでいた常連客にケチャップライスを薄焼きタマゴで包んで出したところ「大将、これな

昭和6年〜10年ごろの『北極星』のメニュー写真に「オムライス20銭」とあります。オムライスがお店で提供されたことを示す、最古の資料かもしれません。

資料提供：北極星産業株式会社

洋食屋とパン屋を併設した『パンヤの食堂』は大正11年（1922）創業。

みんなのオム愛

ケチャップじゃなきゃオムライスじゃない。（50代以上・男性）

んちゅう料理やねん」と聞かれ、とっさに「オムレツとライスくっつけたらオムライスでんなぁ〜」と答えた、という手記が残っています。

その後、オムライスは百貨店の食堂のスターになり、全国に広がっていきました。

“オムライス”は『北極星』初代の北橋茂男氏により考案された。

オムライスがより一般的に、そして家庭でも作られるようになったのは、戦後になってから。昭和30〜40年代の高度成長期には、デパートの大食堂や洋食店での食事が身近になり、私も、昭和42年にデパートの大食堂でオムライスを初めて食しました。

平成9年にHP「きっしぃのオムライス大好き!?」開設。この頃は「半熟オムライス」がブームでした。次はこれが来ると予想したのが「リゾットオムライス」ですが、外れました（おいしかったのに）。その後はファミレス競争の中で「オムハヤシ」が流行りました。牛肉入りでデミソースという豪華さが受けたんですね。次は、メイド喫茶ブームと共にやってきた「お絵かきオムライス」。メイドさんがリクエストした絵を描いてくれるという、オムライスに付加価値をつける時代の到来です。

ゴージャス感を出すために、エビフライやハンバーグなどをのせる「のっけオムライス」、コンビニの「オムにぎり」、上にのせるタマゴをねじってドレス状に美しく見せる「ドレス・ド・オムライス」……まだまだオムライスの進化は続きます。

平成にはオムライスの主流が正統派から半熟タイプに移り、今ではオムライスと言えば、半熟オムライスを指す時代に。もはや正統派のオムライスは“昔懐かしいオムライス”とも呼ばれるようになりました。

みんなのオム愛

家族のために作った時、薄焼きタマゴで不慣れな手つきで巻くのを皆が辛抱強く待っていました。（50代以上・女性）

歴史学コラム

トマトが日本にやってきた

毒がある？くさい？ざんねんな植物だったトマト

トマトの真っ赤な色は食欲をそそり、トマト味は多くの人が好きな味です。しかし、明治の初めにトマトが西洋からやってきた時には、その異様な赤色とにおいのため嫌われており、食べる人はほとんどいなかったようです。

書籍『トマトが野菜になった日―毒草から世界一の野菜へ』（橘みのり著、草思社）には次のようなことが書かれています。

トマトの元産地は南米のアンデス地方、発祥地はメキシコ。大航海時代のメキシコ征服時にヨーロッパに渡り、しばらくは人気がなかったのですが、その後は煮込みソースなどどんな料理にも合う調味料として「食卓の赤い革命」と呼ばれました。特に、南イタリアでは、18世紀にトマトソースを使ったパスタが生まれて大人気となりました。

その後、トマトは海を越えアメリカに渡り、トマトケチャップとして人気者に。今のアメリカでは「合衆国の国民的調味料」として、ホットドッグにフライドポテトにと大活躍のトマトケチャップですが、こんな話があるそうです。

1819年、アメリカでまだトマトには毒があると思われていた時代。合衆国第3代大統領となったトマス・ジェファーソンは、毒が怖くて庭のトマトを食べられない女の子の前で、旨そうにトマトを食べて見せた。女の子はびっくり、大人はその勇気に感心したそうです。現代におけるトマト人気からは信じられないお話です。

そして明治時代、トマトソースは、ヨーロッパから日本へ。トマトケチャップはアメリカから日本へと2つのルートでやってきました。が、最初の話のように、その異様な赤色とにおいから、人々に嫌われていたそうです。

薄赤色のトマトソース（ケチャップではない）が日本で受け入れられるようになったのは大正時代。真っ赤な色のトマトケチャップは昭和の初めごろで、戦後のアメリカ食文化の輸入によって爆発的に家庭に普及した、というのが私の考察です。

みんなのオム愛

ケチャップ派。王道だからこそ味の違いがわかる。（50代以上・女性）

歴史学コラム　日本最古？のオムライスレシピがあった！

大正15年発行の料理本では「卵と肉の飯」

インターネットで検索すると、1万件を超えるオムライスのレシピが掲載されていました。現在発見されている最も古いオムライスのレシピ本は、大正15年（1926）に出版された『手軽においしく誰にも出来る支那料理と西洋料理』（小林定美著）です。

私は数年前、この本の現物に高輪台の「味の素食の文化センター・食の文化ライブラリー」で出合いました。90年以上前の書籍から「オムライス（卵と肉の飯）」の文字が現れた時には感激したものです。

そのレシピによると、「飯を入れ程よく攪廻し」「トマトソースを色付けに少々」「卵で包んだ様」「スプーンをつけて供します」は今の正統オムライスとほとんど同じ。具は「牛肉、玉葱、グリンピース」でした。牛肉を使うとは、贅沢な料理だったのですね。ただしケチャップは使わず、トマトソースで色づけ程度。薄味のように思えます。ちなみに「ヘット」とは牛脂のことです。

さて、この90年以上前のオムレシピを作ってみるとどんな味になるのでしょう。

なんと、本書P112で実際に作ってみましたので、皆さんも試してみてください。

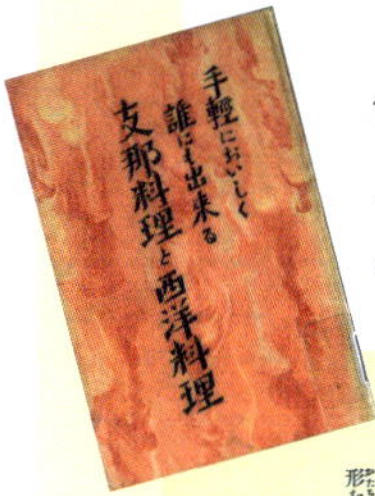

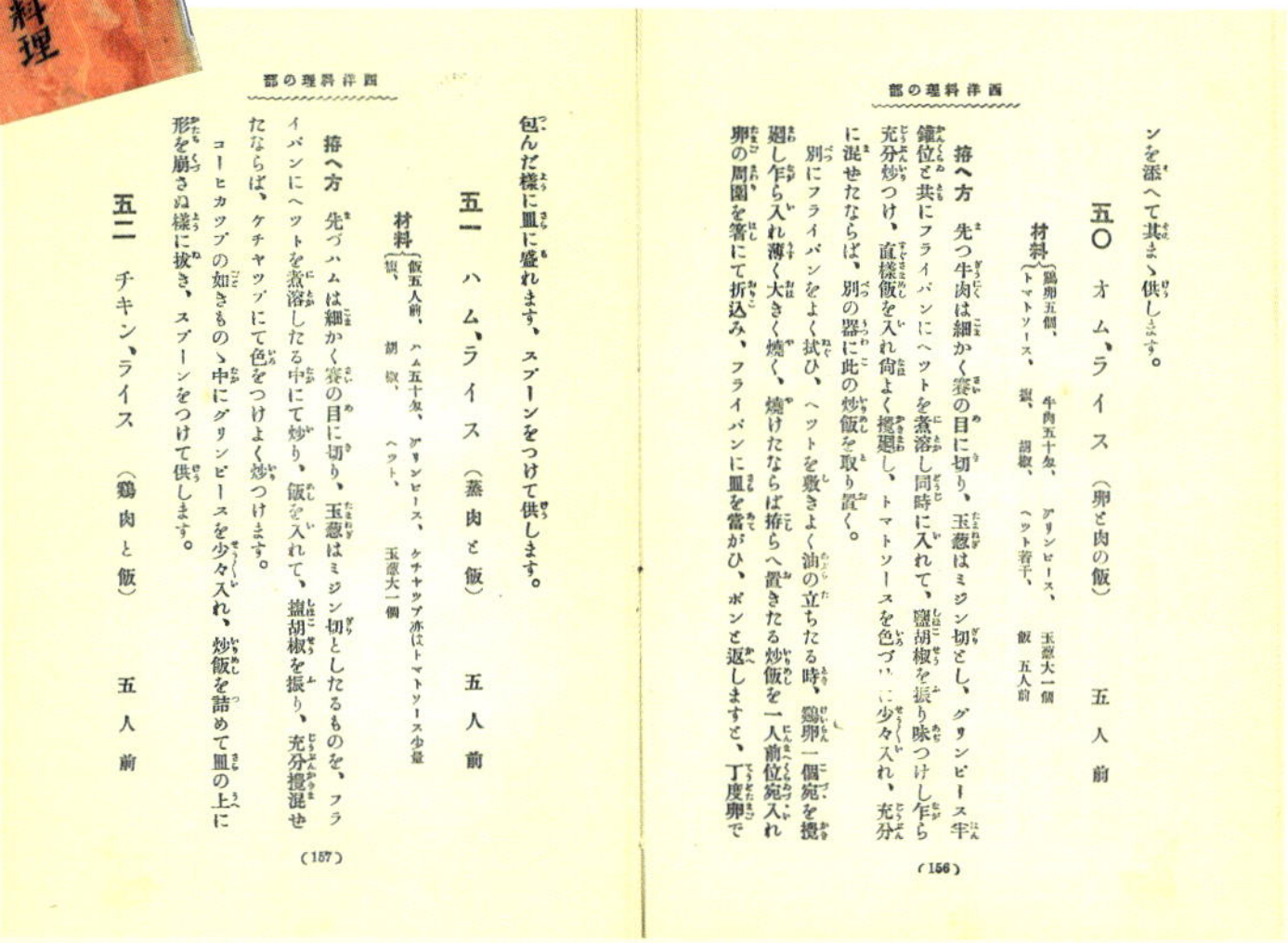

西洋料理の部

ンを添《そ》へて其《その》まゝ供《きよう》します。

五〇　オム、ライス（卵と肉の飯）　五人前

材料　鶏卵五個、牛肉五十匁、グリンピース、玉葱大一個、トマトソース、鹽、胡椒、ヘット若干、飯　五人前

拵へ方　先つ牛肉《ぎうにく》は細《こま》かく賽《さい》の目《め》に切《き》り、玉葱《たまねぎ》はミジン切《ぎり》とし、グリンピース半《はん》鐘位と共《とも》にフライパンにヘットを煮溶《にとか》し同時《どうじ》に入《い》れて、鹽胡椒《しほこせう》を振《ふ》り味《あぢ》つけし乍《なが》ら充分《じうぶん》炒つけ、直樣飯《すぐさまめし》を入《い》れ尚《なほ》よく攪廻《かきまは》し、トマトソースを色《いろ》づいに少々《せう〱》入れ、充分《じうぶん》に混《ま》ぜたならば、別《べつ》の器《うつは》に此《こ》の炒飯《いりめし》を取《と》り置《お》く。

別《べつ》にフライパンをよく拭《ふ》ひ、ヘットを敷《し》きよく油《あぶら》の立《た》ちたる時《とき》、鶏卵《けいらん》一個《こ》宛《づゝ》を攪《かき》廻《まは》し乍《なが》ら入れ薄《うす》く大《おほ》きく燒《や》く、燒《や》けたならば拵《こし》らへ置《お》きたる炒飯《いりめし》を一人前《にんまへ》位宛入れ卵《たまご》の周圍《まはり》を箸《はし》にて折込《をりこ》み、フライパンに皿《さら》を當《あて》がひ、ポンと返《かへ》しますと、丁度《ちやうど》卵《たまご》で

（156）

西洋料理の部

包《つゝ》んだ様《やう》に皿《さら》に盛《も》れます、スプーンをつけて供《きよう》します。

五一　ハム、ライス（蒸肉と飯）　五人前

材料　飯五人前、ハム五十匁、グリンピース、ケチヤツプ亦はトマトソース少量、鹽、胡椒、ヘツト、玉葱大一個

拵へ方　先《ま》づハムは細《こま》かく賽《さい》の目《め》に切《き》り、玉葱《たまねぎ》はミジン切《ぎり》としたるものを、フライパンにヘツトを煮溶《にとか》したる中《なか》にて炒《い》り、飯《めし》を入《い》れて、鹽胡椒《しほこせう》を振《ふ》り、充分攪混《じうぶんかきま》ぜたならば、ケチヤツプにて色《いろ》をつけよく炒《い》つけます。

コーヒカツプの如《ごと》きものゝ中《なか》にグリンピースを少々《せう〱》入れ、炒飯《いりめし》を詰《つ》めて皿《さら》の上《うへ》に形《かたち》を崩《くづ》さぬ様《やう》に抜《ぬ》き、スプーンをつけて供《きよう》します。

五二　チキン、ライス（鶏肉と飯）　五人前

（157）

味の素食の文化センター所蔵

みんなのオム愛　正統派！　それ以外はオムライスでなく、オムレツライスもしくはスクランブルエッグライスでしょ！（30代・女性）

〝正統派〟は21年間で3割減！

2限目は、オムライスをいくつかのグループに分類して、そのタイプを見てみましょう。これまでに食べたオムライスを、主な構成要素である「タマゴ」「ライス」「ソース」の3つのカテゴリーで分けてみました。

まず「タマゴ」。①正統派（薄焼きタマゴでご飯を包むタイプ）／②半熟（スクランブルエッグ状で主にご飯の上にのる）／③それ以外（オムレツのせ、ライスオムレツなど）の3つに分けられます。

次に「ライス」。①赤色のケチャップライス／②白色のバターライス／③それ以外（ナンプラー炒め、チャーハン、炒めていない白ご飯など）となります。

最後に「ソース」。①赤色のケチャップ／②茶色のデミグラスソース／③それ以外（トマトソース、クリームソースなど）に分類できます。

つまりオムライスは、タマゴ3種類、ライス3種類、ソース3種類の27種類に分類されるのです。

では、2018年はどのタイプのオムライスが多いのか。HP「きっしいのオムライス大好き!?」開設2年目の1997年と比較して見てみましょう。

まずは「タマゴ」に注目。21年前と比較すると、正統派タマゴが30％の大幅減で、その代わりに、半熟タマゴが19％、それ以外のタマゴが11％増えています。

次に「ライス」に注目。21年前と比較すると、ケチャップライス

タマゴの21年間のタイプ別増減（　）内は増減

	2018年	1997年
正統派	45%（－30%）	75%
半熟	39%（＋19%）	20%
それ以外	16%（＋11%） オムレツ、 ライスオムレツなど	5%

1997年は薄焼きタマゴでライスを包む正統派が75%！ 2018年は全体の半数を切りました。

みんなのオム愛

正統派。手間をかけて包んであることが嬉しい。卵の黄色とケチャップの赤の組み合わせが好きだから。（30代・女性）

ライスの21年間のタイプ別増減（　）内は増減

	2018年	1997年
ケチャップライス	69%（−16%）	85%
バターライス	7%（＋2%）	5%
それ以外	24%（＋14%） ナンプラー、カレー、デミライスなど	10%

21年前はほとんどケチャップライスだったのが、2018年は16%も減少。バターライスは現状維持で、デミやカレーといった変化球が増加。

1958年創業の喫茶店『げるぼあ』は薄焼きタマゴ包みの正統派オムライス。

ソースの21年間のタイプ別増減（　）内は増減

	2018年	1997年
ケチャップ	38%（−24%）	62%
デミグラス	26%（＋8%）	18%
それ以外	36%（＋16%） トマトソース、うにクリーム、七味マヨネーズ、ハヤシなど	20%

上にかけるのは断然ケチャップ！　という店が21年前はまだ62%もありました。デミ、トマト、ハヤシなどのバリエーションが広がっています。

が16%も減っています。その代わりに、バターライスが2%、それ以外のライスが14%も増えています。「ライスはケチャップ味でしょ」から、「いろいろ美味しいね」に変わりました。

最後に、「ソース」に注目。21年前と比較すると、ケチャップが24%減。その代わりに、それ以外のソースが16%、デミグラスソースが8%増えています。

平成の21年間でもこんなにオムライスは変わってきているのです。一番減ったのが「タマゴ」の正統派が30%減、一番増えたのは同じく「タマゴ」の半熟派が19%増でした。「オムライスと言えば、正統派オムライス」だったのが、半熟オムライスやその他のニューウェーブオムライスへと変化しているのが見てとれました。

そして、ネクスト平成の時代、日本のオムライスは人々の好みと、新しい食材、そして海外オムライスの影響を受けて、さらに進化していくことでしょう。

みんなのオム愛

正統派の方が、作り手の技術を感じられる。（40代・女性）

オム27分類表

タマゴ	A 正統派タマゴ　B 半熟タマゴ　C その他タマゴ
ライス	D ケチャップライス　E バターライス　F その他ライス
ソース	G ケチャップ　H デミソース　I その他ソース

オムライスの「タマゴ」「ライス」「ソース」を上記のように記号化すると、下の表のように分類できます。

例えば、ADGはA正統派タマゴ、Dケチャップライス、Gケチャップということです。

	A 正統派タマゴ	B 半熟タマゴ	C その他タマゴ
D ケチャップライス	A 正統派タマゴ D ケチャップライス G ケチャップ 	B 半熟タマゴ D ケチャップライス G ケチャップ 	C その他タマゴ D ケチャップライス G ケチャップ 
	A 正統派タマゴ D ケチャップライス H デミソース 	B 半熟タマゴ D ケチャップライス H デミソース 	C その他タマゴ D ケチャップライス H デミソース 
	A 正統派タマゴ D ケチャップライス I その他ソース 	B 半熟タマゴ D ケチャップライス I その他ソース 	C その他タマゴ D ケチャップライス I その他ソース 
E バターライス	A 正統派タマゴ E バターライス G ケチャップ	B 半熟タマゴ E バターライス G ケチャップ	C その他タマゴ E バターライス G ケチャップ
	A 正統派タマゴ E バターライス H デミソース	B 半熟タマゴ E バターライス H デミソース 	C その他タマゴ E バターライス H デミソース
	A 正統派タマゴ E バターライス I その他ソース	B 半熟タマゴ E バターライス I その他ソース 	C その他タマゴ E バターライス I その他ソース
F その他ライス	A 正統派タマゴ F その他ライス G ケチャップ	B 半熟タマゴ F その他ライス G ケチャップ 	C その他タマゴ F その他ライス G ケチャップ 
	A 正統派タマゴ F その他ライス H デミソース	B 半熟タマゴ F その他ライス H デミソース 	C その他タマゴ F その他ライス H デミソース 
	A 正統派タマゴ F その他ライス I その他ソース 	B 半熟タマゴ F その他ライス I その他ソース 	C その他タマゴ F その他ライス I その他ソース 

みんなのオム家

ふわとろ派。実家のコンロの火力が弱かったから慣れた。(20代・男性)

分類学コラム　オムライスの元祖

日本の洋食のルーツがここに！銀座『煉瓦亭』

明治28年（1895）創業。オムライスの元祖となった「ライスオムレツ」は、従業員がオムレツの練習としてタマゴとライスを混ぜて焼いていたところ、常連客が「それ食べたい」と言ったことから明治34年（1901）にメニュー化したという話が残っています。

実はこちら、オムライス以外にもさまざまな洋食の礎を築いたお店でもあるのです。例えばポークカツレツ。西洋料理店で初めて、ドライパン粉ではなく生パン粉を使い、和食のように天ぷら鍋で揚げる方法を考案。子牛肉を揚げ焼きするコートレットを豚肉で作ったところ、サクサク食感のポークカツが出来上がりました。これがトンカツの元祖です。

同様に、「ほかの具材も揚げてみよう」と、エビフライやカキフライも日本で最初に提供。また「日露戦争の徴兵により人手が足りず温野菜を付けられなかったので、千切りキャベツを添えた」「パンではなくライスが良いと言われ、お茶碗にナイフとフォークでは食べにくいのでパン皿に平たく盛った」など、今の洋食のルーツを作った興味深いエピソードが数多く残っています。

1_現在は銀座ガス灯通りにあります。お座敷の3階まであります。2_4代目社長の木田浩一朗さん（右）とスタッフ一同。3_元祖オムライス1500円。タマゴとライスが混ざった独特なスタイル。4_ポークカツレツ1700円はかなりのボリュームです。

INFORMATION

煉瓦亭

地下鉄銀座線銀座駅A10またはB1出口から徒歩3分。11時15分～14時15分LO・16時40分～20時30分LO（土・祝は～20時LO）、日休。中央区銀座3-5-16
☎03・3561・3882

みんなのオム愛

銀座「煉瓦亭」、唯一無二。「六本木六丁目食堂」（浅草など）、手軽。（30代・男性）

オムライスの東西差――関西は安くてライスが多い⁉

東西でオムライスに対する認識はけっこう違います。東（東京周辺エリア）では、オムライスはレストランで食べる一品料理というイメージで、値段も高め。西（関西エリア）では、オムライスは定食屋にも喫茶店にもある普通の食べ物です。値段も安め。なので、お昼ご飯に「オムライスとキツネうどん」とか注文したりします。「オムライスとナポリタン」もアリ。炭水化物のせめぎ合いですね。

　オムライス自体も、タマゴの厚さが違います。東は厚いタマゴ、西洋料理のオムレツの名残でしょ

東西のオムライスの違い

着目点	西	東
食べられる場所	喫茶店、洋食屋	レストラン
値段	安い	高い
タマゴとライスバランス	ライス重視	タマゴ重視
タマゴの厚さ・焼き加減	薄く、よく焼く	厚く、柔らか
ソースの色	オレンジ色	赤

代表的なオムライスのお店で比較するとこのような傾向が見られます。

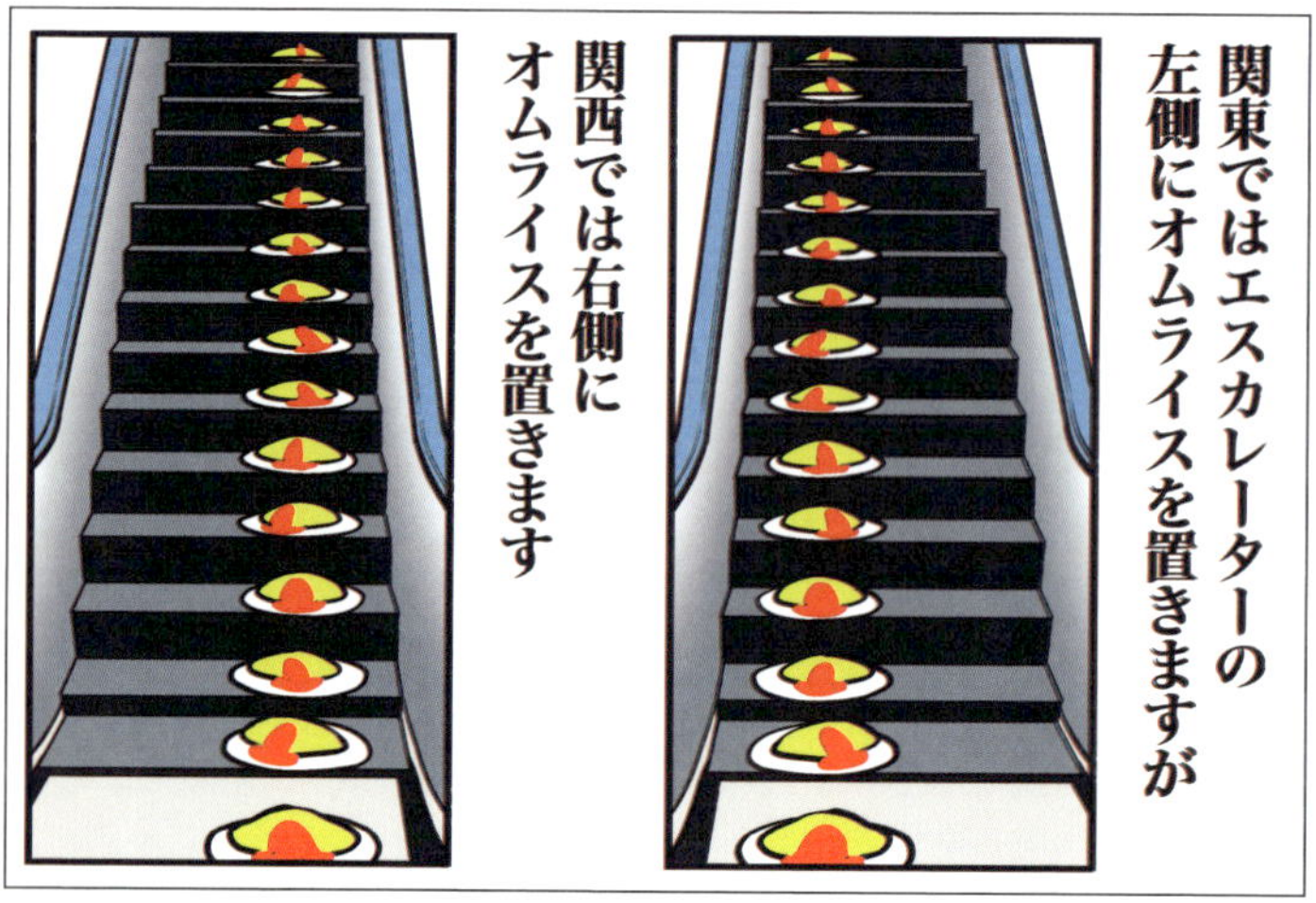
関東ではエスカレーターの左側にオムライスを置きますが
関西では右側にオムライスを置きます

©おおひなたごう

みんなのオム愛

天理の病院近くのお店。チキンライスが透けるくらいの薄焼き卵で綺麗に巻かれたオムライスに感動。（40代・男性）

う。西は、薄いタマゴでライスがぱんぱんに詰まっているものが多いです。

ソースも、西の方はオレンジ色の甘めのソースをよく見かけます。

『スマート珈琲店』のオムライス900円は薄焼きタマゴ包みでやさしい味。

『北極星』のチキンオムライス830円。昔も今も庶民的な価格。

東は赤いケチャップ。これはお店による部分も大きいですが。

一例を挙げると、西の京都『スマート珈琲店』。昭和7年（1932）創業の老舗コーヒー店のオムライスは、デミソース、しっかり焼けたタマゴ、中のケチャップライスもぎゅっと詰まってぷっくり。オムライスの名付け親である大阪『北極星』も、ぎっしりライスに極薄焼きタマゴ、甘めのオレンジ色ソースがかかっています。

『にっぽんの洋食 新川 津々井』のハムオムライス1620円（夜）。

『ア・ヴォートル・サンテ・エンドー』のオムライス1900円（夜）。タマゴが厚め。

対して、東の東京『にっぽんの洋食 新川 津々井』。昭和25年創業の洋食店の正統派オムライスはケチャップの赤色が鮮やかで、タマゴは厚焼きふっくら。ケチャップライスはさほど多くはありません。『ア・ヴォートル・サンテ・エンドー』も柔らかタマゴ包みでケチャップがけ。中のライスもほど良い量です。

以上はあくまでも東西の傾向であって、もちろん例外のお店もたくさんあります。

みんなのオム愛

大阪・心斎橋「ブーン」。2017年閉店したけど若い頃の残業食。（50代以上・男性）

あなたは正統派？ふわとろ派？アンケートを実施しました！

「女子＝ふわとろ好き」は間違い!?

2018年12月にHP、Twitter、Instagramなどを通じて「オムライス大アンケート」を行いました。回答者は228名（内訳　男性101名、女性127名）。この調査から皆さんのオムライスの嗜好性が分かりました。

好きなタマゴのタイプは、しっかりタマゴ包みタイプの正統派53%、半熟タイプのふわとろ44%で、正統派がわずかの差で勝利。時代はふわとろか!?　と予想していたのですが、まだまだ正統派人気が根強いようでした。また女性は圧倒的にふわとろ好きかと思いきや、正統派が54%、ふわとろ44%。一方で男性は正統派51%、ふわとろ45%。男性のほうが微妙にふわとろ好きなのですね。意外でした。

好きなタマゴのタイプは?

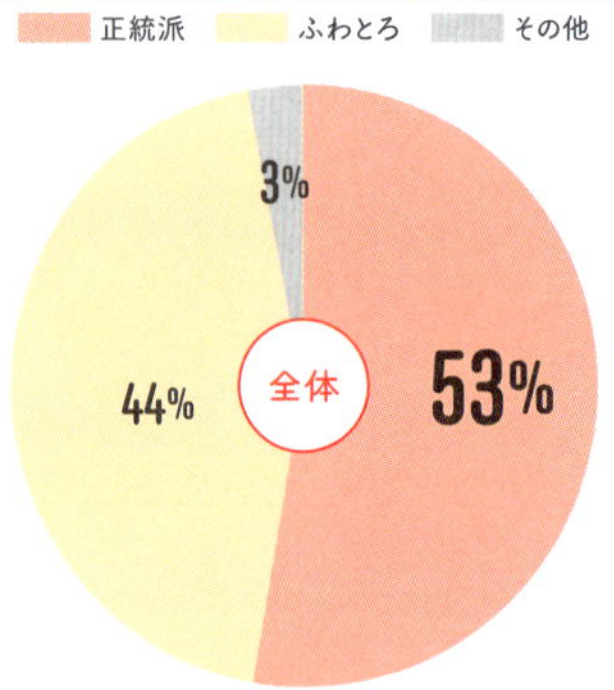

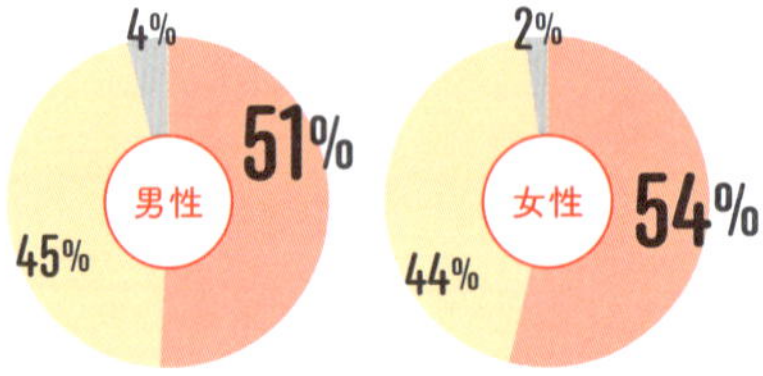

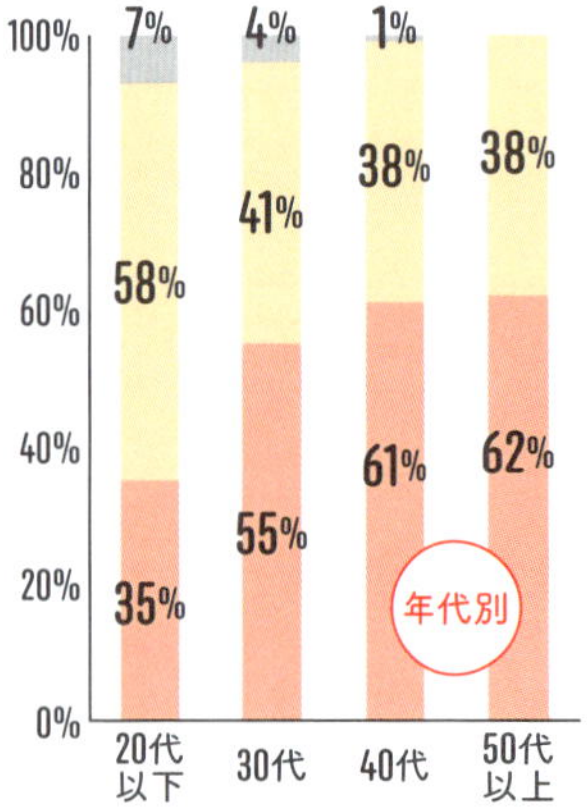

正統派

●手間をかけて包んであることが嬉しい。
●優しさに包まれている気がする。
●昔から食べ慣れているから。

ふわとろ派

●タマゴの優しさと包容力を感じるならふわとろ!
●とろとろした食感が単純に好きだから。また、お店で食べるふわとろは特別感があって好きだから。
●オムライスで連想されるのがふわとろ。

みんなのオム愛　高円寺「ごん」。テーブルゲーム機もありレトロ。懐にも優しい高円寺プライス。もちろん旨い！（20代・男性）

しかし！　年齢別で分けてみると、やはり20代以下はふわとろ優位、30代以上が正統派優位。若者がふわとろ好きというのは予想通りでした。

好きなライスのタイプは、ケチャップ78％、バターライス16％で、ケチャップライスの圧勝でした。

好きなライスのタイプは？

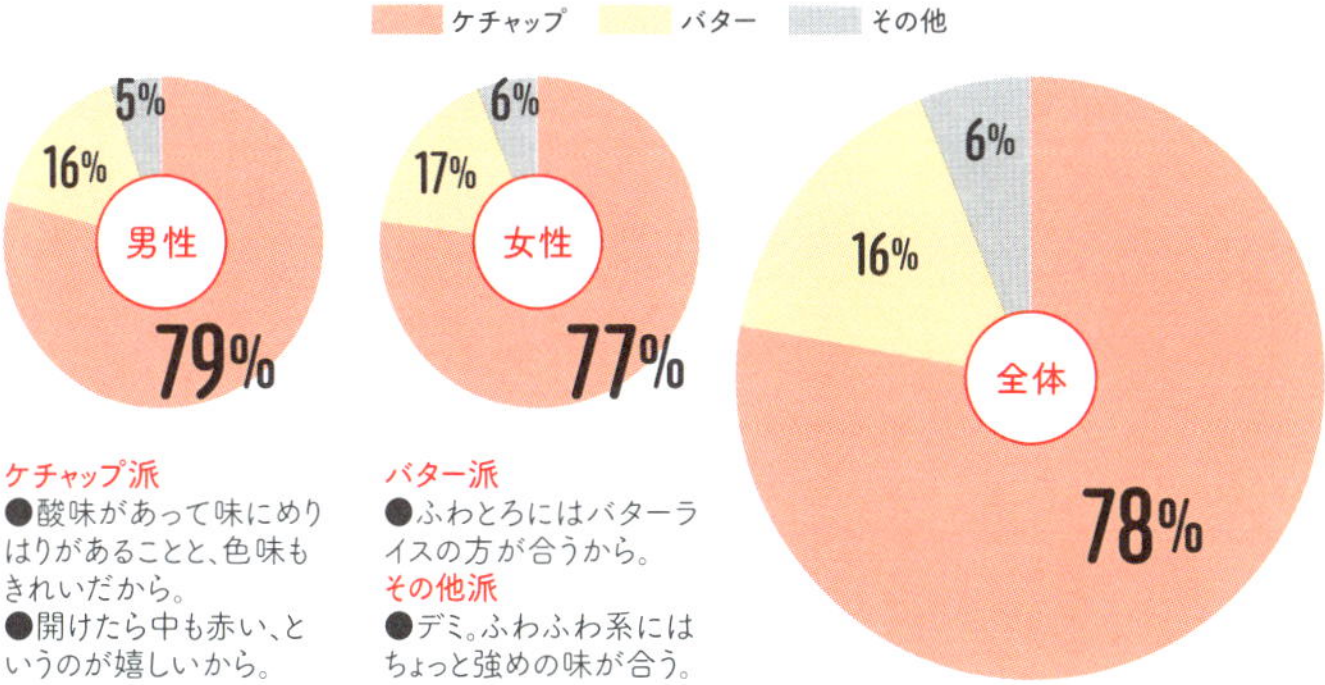

ケチャップ派
●酸味があって味にめりはりがあることと、色味もきれいだから。
●開けたら中も赤い、というのが嬉しいから。

バター派
●ふわとろにはバターライスの方が合うから。

その他派
●デミ。ふわふわ系にはちょっと強めの味が合う。

好きなソースのタイプは？

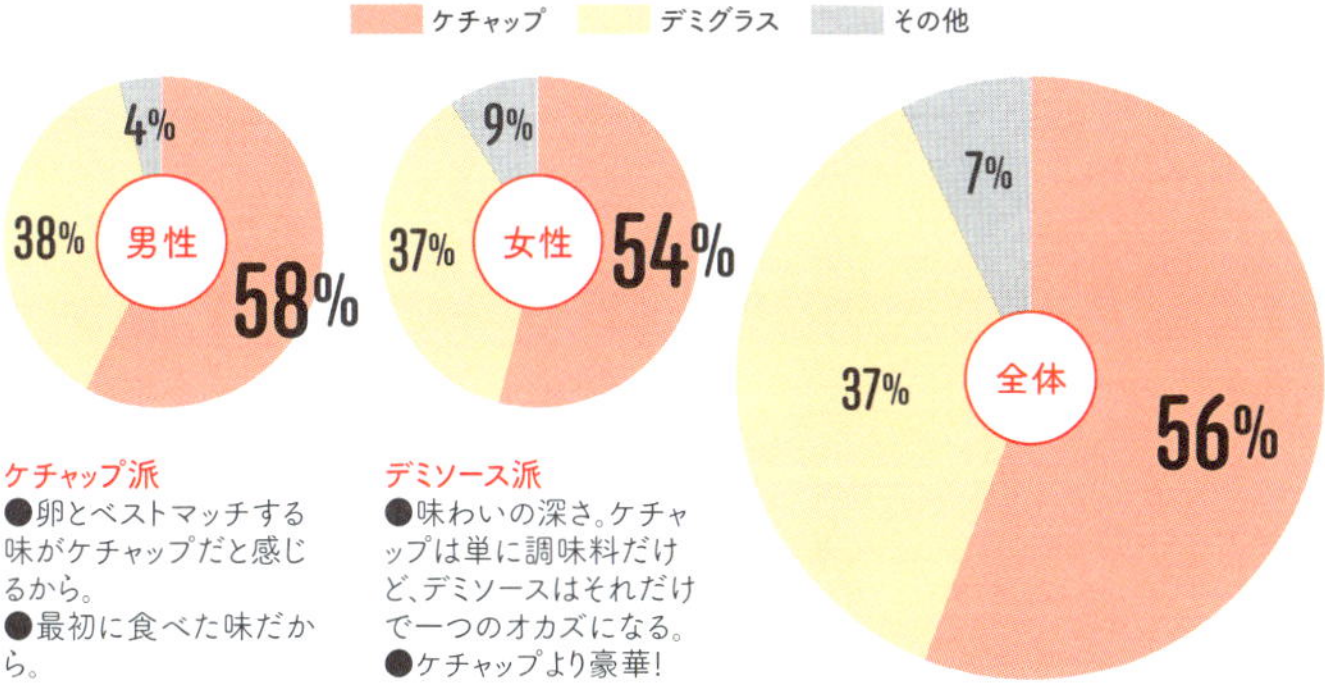

ケチャップ派
●卵とベストマッチする味がケチャップだと感じるから。
●最初に食べた味だから。

デミソース派
●味わいの深さ。ケチャップは単に調味料だけど、デミソースはそれだけで一つのオカズになる。
●ケチャップより豪華！

性別、年代別でもあまり差はありませんでした。

最後は上にかかるソースです。好きなソースのタイプは、ケチャップ56％、デミ37％で、ケチャップの勝利でした。こちらも男性のデミ好きが女性をわずかに上回りましたが、ケチャップを逆転するほどではありませんでした。

結果、皆さんの好きなオムライスは、正統派タマゴ、中はケチャップライス、上にはケチャップというオーソドックスなものでした。ただし、20代以下がふわとろ好きということで、今後ふわとろが正統派を追い抜くことが予想されます。10年後にアンケートを取ったら全く違った傾向になるかもしれませんね。

みんなのオム案

新宿「喫茶西武」。早い安いうまいに尽きますが、とろとろの卵とデミグラスソースもポイントです。（40代・男性）

西洋人は「FUWATORO」なんてありえない

日本発祥のオムライスがよく食べられる国は、日本以外では東アジアの一部に限られます。台湾では複数店見かけました。東アジアなどのコメ文化の国々では、ご飯をベースとしたオムライスは受け入れやすいようです。オムライスでなくてもご飯の上にタマゴをのせた料理はあります。

逆にヨーロッパやアメリカなどの米文化でない国は受け入れにくいようです。大学教員だった時は、海外からの留学生とオムライスを食べに行くことも度々ありました。その経験からだと、台湾、韓国、ベトナム、タイからの留学生は、オムライス初体験の人も多いですが、問題なく「おいしい！　珍しい！」と食べています。

アジアであっても宗教的な制約がある人たちもいました。マレーシアからの留学生は、ムスリムのため、肉系は避けて、サーモンが入ったオムライスを食べていました。サウジアラビアの留学生は、持参したパウダー状の調味料（後で聞いたらハーブやナッツを混ぜたスパイス。彼は何にでもこれをかける）をふりかけていました。

次にヨーロッパですが、お米が主食でないことに加えて、半熟卵が苦手なようです。スウェーデンからの留学生は、オムライス好きになり何度も一緒に食べましたが、来日当初は半熟卵が食べられなかったそうです。スウェーデンでは半熟や生卵は食べないそうです。

ドイツ、オランダの留学生とも行きましたが、半熟よりはよく焼けたタマゴがよいそうでした。

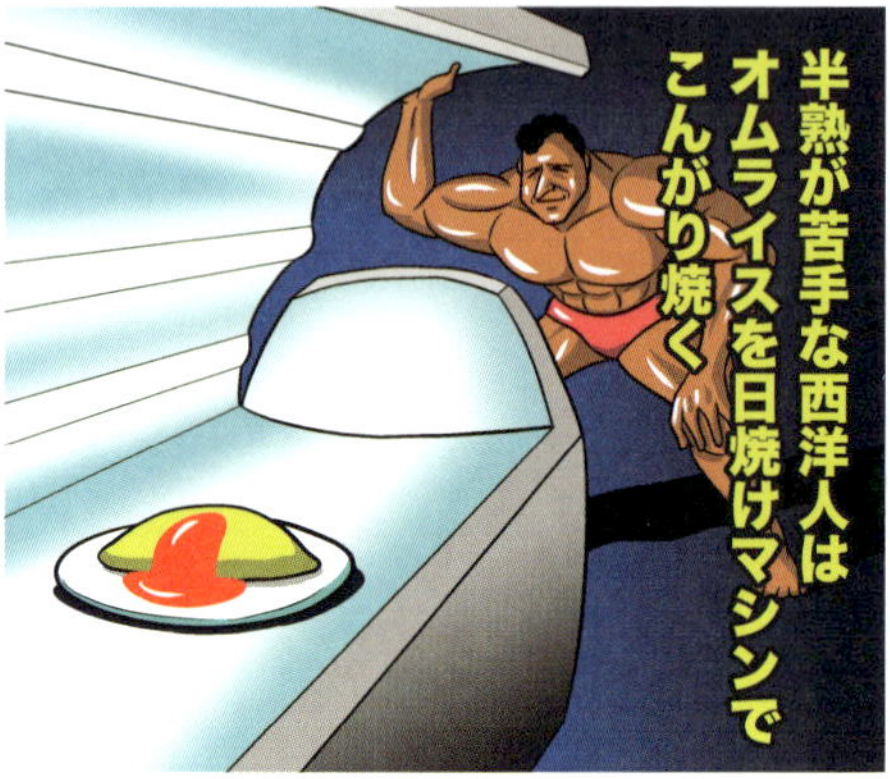
半熟が苦手な西洋人は
オムライスを日焼けマシンで
こんがり焼く

©おおひなたごう

みんなのオム愛

これこそが海外では食べられない日本食（寿司やラーメンはどこでも簡単に食べられます）。（50代以上・男性）

海外のオムライス―いつか世界共通メニューに!?

学会や旅行で海外に行く時も、必ず現地でオムライスが食べられるかチェックします。渡航前からウェブで調べたり、日本語の雑誌社にメールしたりして情報収集します。東アジアでは時たま見つかりますが、ヨーロッパでは見かけませんでした。

私が夢見るのは、SUSHI、RAMENに続いて、OMURICEブームを世界中で起こすことです。アメリカやベトナムのレストランでオムライスに出合えた時の喜びはひとしおでした。ニューヨークの『Hi-Collar』では8割以上がオムライスを食べていて、うれしくてニヤニヤしてしまいました。

『Ajiichi味一』
ベトナム・ダナン
2017年3月3日

国際学会で行った初のベトナム中部ダナンにあるラーメン屋『Ajiichi味一』で、中華鍋で作るオムライスを発見！ 値段は9万9000ドン（日本円で約500円）。ケチャップがけ、タマゴ包み、ケチャップライス。具は鶏肉、タマネギ。先のとがったお米を使う以外は、日本のオムライスによく似ています。

『Bar Moga』
アメリカ・
ニューヨーク
2017年8月24日

NYのオシャレなバー『Bar Moga』で、オープンタイプのオムライス$17.4（＝約1900円）。運んできた店員さん（実はシェフ。写真）がオムレツをナイフでカットしてパカッと開かせ、上からデミソースをかけてくれるパフォーマンス付き。中はケチャップライスでした。

『Hi-Collar』
アメリカ・
ニューヨーク
2017年8月25日

『Hi-Collar』はなんと接客の女性たちが皆さん関西出身で、NYにいながらコテコテの関西弁が聞けます。シェフは九州出身。トロトロのオープンオムレツタイプで、中はケチャップライス。オムライスはオリジナル$11、クリームソース$13、デミグラスソース$13、トッピングも豊富でした。

みんなのオム愛
トロントは「Coo Cafe」が美味しいよ！（30代・女性・トロント在住）

オムライスの価格は21年間で平均21%上昇！

価格は21年間で平均21%上昇！

私の食べた全オムライスが記録されているオムライスＨＰを見返していて、昔のオムライスの価格と比べて、今のオムライスの価格がどれぐらい値上がりしたのかを調べてみました。

今から21年前（１９９７年、オムライスＨＰ開設２年目）と２０１８年に食べたお店で比較しました。東京・横浜エリアのみ、消費税込み。

その結果、１９９７年は平均価格１０１４円だったのが、２０１８年には１２２３円と、21%上昇していました。１９９７年はすでにバブル崩壊後の低成長期であり、その後の21年間で消費者物価（消費税分も含む）はわずか２％上昇とほとんど変わっていない中での、21％の上昇です。他のラーメンやカレーにあるような低価格のチェーン店がオムライスにはほとんどないことも、価格上昇の理由ではと考えました。

きっしいのオムライス11カ条の一つ「価格はできれば１０００円以内で」が満たされているお店は、

オムライスの価格推移

	1997年	2018年	
平均価格	1014円	1223円	21%上昇
最高価格	2200円 資生堂パーラー	3780円 レストラン吾妻	1580円増加
最低価格	550円	590円	40円増加
1000円以下の店の割合	81%	52%	29%減少

1000円以下の店は21年前は81%もありました。2018年でも半数あったことにビックリ。

みんなのオム愛

「ラケル」。オムライスにふわふわパンの炭水化物コンボがやみつきです。(30代・女性)

１９９７年の81%から、２０１８年の52%と減少はしたのですが、まだ半分以上あったのです。この物価の高い東京・横浜でも。

余談ながら、１９９７年最高価格の「資生堂パーラー」は２２００円→２４７０円に、２０１８年最高価格の「レストラン吾妻」は３６７５円→３７８０円に価格が変化しました。

その理由は人件費と消費税！

次に、オムライスの価格上昇の原因が何なのかを調べてみました。オムライスの食材となる米や鶏卵の価格は、21年間で逆にそれぞれ16%、10%下落しているのです。しかし、オムライスを調理し提供する人件費は、45%上昇していました。さらに消費税も5%から8%に上昇。食材は安くなっているにもかかわらず、人件費そして消費税は上がっていることが、オムライスの価格上昇の理由ではないかと推測しました。

今後、消費税の増税で、さらに価格は上昇すると予想されます。

『レストラン吾妻』は東京最高価格の一店。でも旨い。

オムライスにかかる原価の推移

	1997年	2018年	
オムライス平均価格(円)	1014円	1223円	21%上昇
米(円)	18675円	15763円	16%下落
鶏卵(円)	200円	180円	10%下落
東京都最低賃金(円)	679円	985円	45%上昇
消費税	5%	8%	60%上昇

農林水産省「米の相対取引価格（出荷業者、年産別平均価格）玄米60kg」。「鶏卵価格の年次別月別推移（全農：東京M、円/kg）」。「東京都最低賃金（時間額）」より。

みんなのオム愛

御徒町「洋食さくらい」。手作りケチャップがおいしい。流線型フォルムは目を奪われるほどの美しさ。(30代・女性)

なぜピカチュウは「美味しそう」ではないのか

今回は、帝京平成大学で服飾文化やメディアとファッションの関係性などについて教える江良智美先生に「色彩学から見たオムライス」のお話をお聞きしました。

きっしい（以下岸）「オムライスを見て美味しそうと思う理由の一つが、黄色と赤色の配色だと思います。この点について色彩学から解説していただけますか？」

江良先生（以下江）「まず黄色は色相環の中で彩度、明度が最も高い＝目立つ色です。緑・青・赤と並んでほかの色の影響を受けない『心理四原色』でもあります。また、高彩度な黄色は赤ちゃんの時に最初に感じる色であり、安心感＝母親を連想させる色。幸福な感情を湧かせる色です。そのため子供向けアニメで黄色が使われることが多いのです」

岸「だから大人になっても私はオムライスやピカチュウが好きなんですね！」

江「オムライスとピカチュウは少々異なります。ピカチュウは黄×赤の中に黒が入り、ダイナミックな配色です。黄×黒には『注意』という意味があります。オムライスは美味しそうですが、ピカチュウが美味しそうに見えないのはそのためです」

岸「確かに、ピカチュウを見て『食べたい』とは思いませんね！」

江「ドイツ・バウハウスの教育者ヨハネス・イッテンによると、『イエローは（あらゆる）色相の中で最も多く光を与えるものである』。黄色は光の色で、元気や明るい気持ちにさせる。また色は味覚と密

江良智美《えらさとみ》**先生**

帝京平成大学現代ライフ学部人間文化学科メディア文化コース助教。舞台公演などでの衣装デザイン・制作も行う。

みんなのオム愛

オムライスの赤・黄・白のビジュアルが好き。かわいい。（40代・女性）

接に関わっていて、卵の滋養のある食べ物と黄身の黄色の栄養豊富なイメージが結びつきます」

岸「ケチャップの赤色を、色彩学的に解説すると？」

江「赤色は人を興奮させる色ですが、黄色と合わせることで意味が変わってきます。黄×赤は、中程度に離れた色相を組み合わせた『中差色彩配色』と言われ、誘目性が高まるので企業ロゴに使われることも多い。マクドナルドやロッテリアのロゴもそう。似たような配色に『クマのプーさん』もあります。ピカチュウよりもオムライスに近い組み合わせは、ドラミちゃんではないでしょうか」

オムライスは目立つ色である上に、ポジティブな記憶を思い起こさせるので、つい食べたくなるのだと考えられます。

岸「話は変わりますが、明治・大正時代のオムライスには、今のような派手な赤色のケチャップは使われていなかったようです。赤色を日本人が美味しそうと思うようになったのは、戦後のアメリカの文化が入ってきてからでは思うのですがどうでしょうか？」

江「ファッション面からお話します。ファッションとフードは関係があって、ファッション感度の高い方は美味しいものを探すのも上手なようです。インスタで〝ゆめかわスイーツ〟の写真を上げたりもします。日本には戦後、原色のアメリカンカラーがやってきました。１９４８年制作の映画『赤い靴』の赤色に鮮烈な印象を受け、その後、１９６０年に始まったカラーテレビ放送でますます鮮やかな色を目にするようになりました。さらに合成繊維の開発によって服装も鮮やかな配色が可能になり、同時に食品も鮮やかな色が受け入れられてきた。そうしてオムライスの配色も市民権を得ていったのではないでしょうか」

岸「なるほど。大人になってもオムライスを見ると美味しそうと思うのは、黄色と赤色の配色による誘目性と、赤ちゃんのころの刷り込みとして、愛情を思い起こさせる色だからなのですね。納得できました！」

みんなのオム愛 奥多摩「農家へムロック」。ふわふわ卵の下がシーフードのケチャップライスでおいしいです。(40代・女性)

オムライスを食べる時はどんな服装がいいか

前コーナーで、江良先生が「ファッション感度の高い人は、フード感度も高い」という話をしていました。私のようなおじさんでも、オムライスを食べに行く時は、イケてるファッションで臨みたいですね（と思いながらも実践できていませんが）。そこで、江良先生に「オムライスを食べる時にオススメの服装」を、おじさん、お兄さん、お姉さん、お嬢さんの４つのタイプに分けて教えてもらいました。インスタ用に写真を撮る時の参考にしてください。

イラスト：江良智美

おじさん

おじさんをかわいく見せる魔法のアイテム、ベスト。ポイントは素材感と縦長シルエットです。ブルーなどの寒色、コットン素材はポッコリお腹を引き締めて見せてくれます。ボタンダウンシャツで少しトラッドな雰囲気に。

お兄さん

オムライスとテクノポップのコラボ。ピリッとした未来感あるデザインのシャツにオムライスを合わせると、近未来の総合栄養食的な雰囲気に。黒×赤×黄色の、子供っぽくならない洗練されたカラーコーデの完成です。

お姉さん

人気のニットワンピース。ナチュラルな色がホワイトソースに似合います。流行のボリューム袖でも大人の女性は上手にお食事できるから大丈夫。襟元は少し大胆に開いたデザインが◎。もちろんヘアスタイルはゆるふわで。

お嬢さん

若いお嬢さんのオムライスコーデは何と言っても昭和レトロなシルエットのワンピースがおすすめです。ブラウンソースのオムライスの日には、スモーキーパステルを選ぶと北欧モダンのかわいらしい雰囲気も演出できます。

みんなのオム愛

大変好き。おじさんは子供っぽい食べ物が好き。（40代・男性）

COLUMN 4

チェーン店に聞きました！

〝カスタマイズ〟〝飽きさせない〟が売れる秘訣？

アンケートでも「オムライスはチェーン店で食べる」という方も多くいらっしゃいました。そこで、2大人気チェーン店にインタビューを行いました。

まず、規模でいうと業界1位は『ポムの樹』約130店舗、2位は『ベビーフェイスプラネッツ』91店舗（首都圏にお店がないので首都圏の人はあまり知らない）で、ほぼ全国に店舗があるそうです。発祥はポムの樹が大阪、ベビフェが奈良と、両方とも関西。関西の人がオムライス好きだから？ 商売上手だから？

まずは『ポムの樹』。ウリは選べる種類の多さで、常時40種類以上。最近は糖質やカロリーを抑えたメニューも登場。中のライスもケチャップ、バター、和風などさまざま。大きさもSS（女性サイズ）、S（男性サイズ）、M、L（ご飯5・5杯分）まで用意。味付けは全国共通で、出るメニューに地域差はないそうです。

アジアからの来店者も多く（東京・お台場や福岡の店舗が人気）で、一番人気は「厚切りとんかつのカレーソースオムライス」。理由は、オムライス、カレー、トンカツ、全て日本でしか食べられないおいしいものだから。

次は、『ベビーフェイスプラネッツ』。〝ふわふわ帽子のオムライス〟は40周年を迎える人気メニューですが、美味しさは進化を続けています。昨年もデミグラスソース、ケチャップライスを改良。バリ風内装は、インドネシア・バリから買い付けしています。ちなみに今年ジャカルタにもオープン予定だそうです。

超ボリューミーな相撲レスラーサイズ（ご飯1kg、茶碗6・6杯分）はグループ客のシェア用に生まれましたが、最近は一人で挑戦する猛者もいるのだとか。

両店とも、一流レストランに負けない味とサービスへの企業努力に感心しました。これからもファンとして通い続けます！

COLUMN 5

カゴメは「オム検」で昇格が決まる？

筆記・論文・実技！ 正しく、美しく オムライスを作る

オムライスに不可欠なケチャップ。ケチャップと言えばカゴメ。カゴメではなんと、毎年「オムライス検定（通称オム検）」というものがあり、これに受からないと給料が上がらないのだとか!?

その真相を確かめるために、カゴメ株式会社マーケティング本部食品企画部の岡田拓也さんに話を聞いてきました。

オム検の実技に臨む社員。

オム検は、オムライスに関する知識や料理技術を測るための社内独自の資格制度で、3級、2級、1級が設けられています。超難関の1級の保持者は、カゴメ全社員約2600人の中でもわずか7人なのだとか！（神セブンと呼ばれているそうです）。2級は250人、3級は870人（2019年1月現在）。試験の内容は次の通りです。

3級…筆記＋実技（正しく基本のオムライスを作る）

2級…レポート2種（自宅調理と外食店のオムライスについて分析）＋実技（30分で2個のオムライスを美しく作る）

1級…一次論文（オムライスやトマトケチャップの魅力や価値を多くの方に知ってもらうための活動プランについて）＋筆記＋二次論文内容のプレゼンとデモンストレーション（役員らの前で説明しながらオムライスを作る）

社内のフードプランナーや役員といった審査員が真剣に見ている前で、美しく、手早く、正しくオムライスを作る緊張感は並々ではないそうです。もちろん味も評価されます。

「オム検の級は昇格に必要なポイントに加算されるので、わりと社員は必死です」。ちなみに岡田さんは2級保持者だそうです！

オム日記

2009-2010 昼☀ 夜☾

●2010年8月　オム店リスト500店突破

2010年8月5日
☀／晴れ
『キッチンふじみ』
（秋田）

竿燈まつりを見に秋田へ。駅の観光案内所で「昔ながらの洋食屋さんでオムライスのあるお店」を聞いたらココをすすめられました。全国制覇まで残り9県。当たりのオム、上品な味付けです。

2010年8月20日
☀／晴れ
『サフラン』
（徳島）

四国4県オム巡礼の1県目。宿泊するホテルのフロントのおにいさんから地元情報を仕入れて、駅そばのこちらのお店でランチしました。全国制覇まで残り7県。1996年8月のHPオープン以来、14年で500軒になりました。

2010年9月10日
☀／晴れ
『小岩井農場
山麓館農場レストラン』
（岩手県雫石）

小岩井農場まきば園内。「オムライストマトのソース」1350円（スープ、サラダ付き）。小岩井農場たまごを使ったフワフワオムライス。薄味。横にミルクライス。岩手山が望める広々した牧場の眺めで美味しさが増します。

2010年11月15日
☀／雨
『ジャパデリ』
（ニュージーランド・
オークランド）

NZで初オムライスを食べた。GekkanNZで教えてもらった、アンザックアベニューの「ジャパデリ」というお店。スプーンと一緒にナイフとフォークが並べられている。

2009年3月1日／☀／曇り
『Cafe Restaurant 洋燈《ランプ》』（那須塩原）

妻と那須塩原温泉『塩原もの語り館』2F。王道オムライス840円。ジグザグ模様のケチャップ、やや厚めのタマゴ、具は鶏肉とマッシュルーム。旨い！朝ご飯を食べてから2時間しか経ってないのにバクバク食べてしまいました。2009年のNo.1店。

2009年11月7日／☀／晴れ
『A《ア》 Votre《ヴォートル》 Sante《サンテ》 Endo《エンドー》』（銀座）

ネットでとーまさんから紹介。こだわりのオムライス1300円。分厚いタマゴ、いい意味のべっちょりケチャップライス。次はフルーツカレー食べたい。※現在は銀座五丁目に移転。その後80回以上通っているお店との出会いがこの日。

2010年6月27日／☀／雨
サモアール馬車道店（関内）

関内に住んでいる金岡さんのご紹介。紅茶専門店ですが、馬車道店だけはオムライスがあります。馬車道の紅茶店のオム!!　中身はピリカラチキンライス。いい感じの手作り感。

オム日記

●2012年4月
八王子の大学に就職。八王子周辺のオムライス店を開拓

昼☀　夜☽　**2011-2012**

2012年1月24日
☀／晴れ
『麻布食堂』
（広尾）

ネットで〝東京1位オムライス〟と知って、17年ぶりに再訪問。オムライス945円。相変わらずほっそり美人なオムライスです。たっぷりデミソース、包みタマゴ、中はデミ炒めライスに鶏肉。カウンター席からはシェフの調理風景が見えて楽しい。

2012年3月12日
☀／曇り
『あさひ食堂』
（沖縄県石垣島）

初の石垣島旅行。創業40数年、安くてボリューム満点の地元客に人気の大衆食堂。オムライス500円。堅焼きタマゴ、中は濃いめのケチャップライス。具はミンチ肉とタマネギ。最初はデカーと思ったが、ペロリと食べ切れた。

2012年4月18日
☀／晴れ
『東京工科大学
ROSE kitchen』
（八王子みなみ野）

大学に就職。さっそく同僚の先生と学食にランチに行きました。オムライス350円。薄焼きタマゴ、ケチャップライス。値段は安くて味はそれなりの正しい学食のオムです。高台にあるので窓からの眺めは素晴らしい。

2012年6月14日
☽／曇り
『KITCHEN CAFE
ことり亭』
（八王子みなみ野）

きのこデミソースオムライスコース1200円。フワフワタマゴ、中は五穀ご飯。中から黄身出現のサプライズ。コース風になっていて小鉢、スープ、サラダ、オムライス、食後のコーヒーが順番に出されます。味噌味のスープは個性的で印象に残りました。

2011年7月29日
☀／雨
『キッチン パンチ』
（中目黒）

中目黒で午前中打ち合わせの後ランチ。とーまさんに情報頂いたお店。外観からして〝皆に愛される街の洋食屋さん〟のたたずまい。こういうお店大好きです。オムライス850円。大ぶりな正統タイプ、とってもいい感じのオムでした。

2011年9月1日
☀／曇り
『レストラン早川』
（東銀座）

15年ぶりの訪問。オムライス750円。一つのお皿に小ぶりなオムとサラダ、オレンジ一切れがのる。小柄でぽっちゃり型の正統オムライス。具のシャキシャキしたタマネギが印象的。コックさんに聞いたら「親父の代からで創業70年」とのことでした。

2011年9月14日
☀／晴れ
『キッチンまつば』
（春日）

東大近くの洋食店。東大で打ち合わせの前にWebで見つけたこのお店でランチ。オムライス850円。正統タイプで具はミンチ肉。オムライスは13時すぎてからでしたが、作ってくれました。お店のある菊坂は樋口一葉ゆかりの地。

2011年11月9日
☀／晴れ
『欧風ギルドレストラン
ザ・グランヴァニア』
（秋葉原）

学生おすすめの初心者向けメイド喫茶。オムライス893円。リクエストした絵をケチャップで描いてくれる。メイドさんを眺めたり話したりできるので、このお値段は安いと思う。接客も感じ良い。また行ってもいいかも(^o^)v　※その後何度も通ってます。

オム日記

2013-2014

昼☀　夜☾

●2013年3月　初のNHKスタジオ収録
●2014年4月　オム店リスト600店突破

2014年1月4日
☀／晴れ
『いな美の里』
（兵庫県稲美）

稲美町民の集いの場の喫茶店。帰省して中学校の同級生おじさん4人で。オムライス820円。デミソースは甘みがあってオレンジ色の懐かしの関西風。薄皮タマゴの中は小エビ入りのケチャップライス。私の原風景のようなオムライスでした。

2014年3月25日
☀／晴れ
『レストラン テルミニ』
（八王子みなみ野）

アットホームな一軒家のフレンチ料理店、靴を脱いで上がる。2度目の訪問。ハイカラオムハヤシ1080円。特製ソースとトロトロタマゴがとってもマッチ。バターの香りと、五穀ライス。

2014年4月20日
☀／晴れ
『ファウスト』
（神泉）

松濤美術館のネコの美術展を見に行った帰りに、偶然見つけたお店。とっても美味しかった！特製オムライス1000円。クリームたっぷりのデミソースが特徴です。半熟タマゴ、バターライスデミソース。ちょっと入りづらい雰囲気ですが気さくな接客でした。

2014年4月27日
☀／晴れ
『カゲンドラカフェ』
（荏原町）

旗の台駅で降りて商店街のオムライスを捜索。インド料理店で発見。オムレツランチ900円。ライスが入ったオムレツ、パンパンとした焼きリゾット。ちょっと味が濃い。このお店で祝"オムライス600軒目を達成"！

2013年1月29日
☾／曇り
『マル
八王子東急スクエア店』
（八王子）

学生の内定祝いで2回目の訪問。オムライスハッシュドビーフソース980円。ハッシュドビーフが旨い、特にお肉が。お店の内装は良いし、オムライスは旨いし、接客の店員さんは感じがいい、とっても気に入ったお店です。

2013年3月3日
☀／晴れ
『五穀』
（福岡）

福岡らしい「明太子オムライス」980円（ソフトドリンク付）。帽子の様なフワフワのでっかいオムレツが載っている。下には明太子味の炒めご飯。カフェ。福岡も古いお店は、デミソースが多い気がします。

2013年10月27日
☀／秋晴
『つり堀 武蔵野園』
（永福町）

TV「孤独のグルメ」にも登場したつり堀の食堂。台風一過の秋晴れの下、妻と訪問。オムライス750円。丸々と膨らんだボリュームたっぷりのオム。ケチャップ、巻きタマゴ。中はケチャップライス、具はたっぷり大きな鶏肉とタマネギ。

2013年12月27日
☀／曇り
『喫茶モア』
（鎌倉）

妻と年末の鎌倉旅行です。鎌倉こまち通りのレトロ喫茶に行きました。ランチメニューのソーセージ入りオムライス950円。見るからに懐かしのオム。中はケチャップライスに具はソーセージ、タマネギ、ピーマン。窓からは通りを歩く大勢の観光客が見えます。

オム日記

●2015年8月　TV番組のロケで1日5店オム巡り
●2016年12月　今年はTVに6回出演

昼☀　夜☽　**2015-2016**

2015年9月26日
☀／曇り
『レストランけやき』
（松陰神社前）

世田谷区民会館のレストラン。妻のオムライスが美味しかったという報告で訪問。昔の大食堂を彷彿させる、食券（硬券）のもぎり、ウェイトレスの白いエプロンがレトロで素晴らしい。オムライス730円。紙ナプキンを巻かれたスプーンが懐かしい。

2016年1月16日
☀／晴れ
『オムライスと包まり料理くるまり』
（中野）

「ごぼうポタージュオムライス」が中野逸品グランプリ2013『優勝』のお店。一番弟子と1年ぶりの再会。お絵かきオムライス800円。ケチャップで自由にお絵かきできます。開運オムライス。「ごぼうポタージュオムライス」800円も食べました。

2016年2月7日
☀／曇り
『東洋文庫orientcafe』
（千石）

東洋文庫ミュージアムの小岩井農場カフェ。東洋文庫で開催される学術イベントに登壇。早めに着いて、裏のカフェで妻おすすめのオムライスをいただきました。マルコポーロセット1680円。タマゴの黄色とソースのオレンジ色がキレイです。

2016年5月2日
☽／曇り
『グリル富久屋』
（京都）

舞妓さんが通う洋食屋さん。祇園の宿に宿泊。夕暮れの建仁寺の境内を抜けて、こちらのお店へ。フクヤライス1080円。彩り鮮やか、カットしたトマト入りのトロトロタマゴ、中はケチャップライス。鴨川の河原は、納涼床が始まっていました。

2015年4月18日
☀／晴れ
『グリル小宝』
（京都）

1961年創業の洋食店。18年ぶりの訪問。岡崎で観光五石船に乗った後にランチ。オムライス850円。〝ドビソース〟（同店特製のデミソースのことをこう呼ぶ）、薄焼きタマゴ包み、中はケチャップライス。〝オムライスの都・京都〟の旨いオムライス！

2015年5月16日
☀／曇り
『カゴメ オムライススタジアム』
（P.108参照）

ソラマチで開催された2日間のオムライスのイベントに、タマゴタレントの知人と行きました。オープン前から並んで2軒食べました。北陸代表【カルボナーラなオムリゾット】と四国代表【南国土佐のオムライス】。食券制で1食700円。

2015年6月16日
☀／曇り
『にっぽんの洋食新川 津々井』
（茅場町）

創業は昭和25年。テレビ番組への登場たびたび。3人で訪問したので3種類のオムライスを全部注文！「トロトロオムライス（ハム）」、「ハムオムライス」、「オムハヤシ（ポーク）」。3種類の中では、やはりトロトロオムライスが一番個性的。

2015年8月12日
☀／晴れ
『スシロー 浦賀店』
（神奈川県浦賀）

新作、オムラすし。横須賀市美術館に行く予定があったので、浦賀店で食べました。意外と美味しいです。オムラすし108円。トマトや鶏ひき肉入りオムレツ、下は酢飯。酢飯の大きさは他の寿司と同じ。オムライスは、意外と酢飯とも合います。

オム日記

2017-2018

昼☀　夜☽

- ●2017年3月
  - ・TV番組の座談会で、おおひなたごうさん、金野たかねさんと出会う
  - ・オムライス日本47都道府県制覇→次は海外に進出！
- ●2017年　オム店リスト700店突破
- ●2017年7月　スマホで写真撮影開始（4023×3024pixel）
- ●2018年11月　オム本の取材開始！

2018年1月30日
☀／晴れ
『七面鳥』
（高円寺）

キングオブ・町中華のオムライス！『散歩の達人』で紹介されていたので訪問。中華店なのに客の半分がオムライスを注文しています。オムライス630円。薄焼きタマゴのせ。町中華にありがちな油べっとりの濃い味オムライスではなく、上品な味つけ。

2017年1月26日
☀／晴れ
『グリル一平』
（兵庫県尼崎）

尼崎の老舗洋食店。「オムライス」800円。オレンジ色のデミグラスソースのかかった薄焼きタマゴ。中はケチャップライスに鶏肉。旨いものを作ってくれそうなシェフの面構えが良い。ツタの絡まるもじゃハウス。

2018年2月8日
☀／晴れ
『三浦亭』
（武蔵関）

「食べログ」で東京一位のオムライスのお店。カウンター6席のみ。オムライス970円。大人の苦いデミソース、タマゴ包み、ケチャップライスで具は鶏肉とトマト。レベルの高いオムライスでした。料理を作る三浦シェフの後ろ姿が間近に見えて楽しい。

2017年3月21日
☀／雨
『洋食屋 いらっしゃい亭』
（岡山）

デミグラスとちょっと酸味の効いたトマトソースをかけたフワトロのオムライス900円。フランスの3色旗に似せてある。下はデミグラスソースで炒めたライス。タマゴは割らずに食べるのがおすすめらしい。割らずに食べてたらシェフに気に入られた。

2018年6月21日
☀／曇り
『レストラン ツムラ』
（春日）

いい仕事してますね。特製オムライス1300円。大人の味の濃厚デミソース。こだわりの卵をフワフワオムレツに。下はブイヨンで炊き上げたケチャップライス。タマゴのふんわりした口当たりとソースのとろっとした感触がからんで、いくらでも食べられそう。

2017年4月18日
☀／晴れ
『喫茶 ギャラン』
（上野）

アメ横の昭和レトロな純喫茶。オムライスもレトロです！オムライスセット1000円。ザッツ正統派オムライス。しっかり焼いたタマゴ。中はケチャップライス、具は鶏肉とグリンピース。2Fの窓からは東京上野ラインを走る電車が見えます。

2018年11月30日
☽／晴れ
『YOU』
（東銀座）

ネット動画で大人気、プルプル揺れるオムライス。オムライスセット1300円。薄甘いプルプルオムレツ、下は硬めでちょっとスパイシーなケチャップライス。オムライス、お代わりしました。小さいので食べられます。今日も若い女性率90%以上。

2017年11月26日
☀／晴れ
『キッチンでんえん』
（多摩川）

創業40年のご夫婦でやっているレストラン、女性シェフ。とろーりタマゴのエビオムライス1680円。ご飯の中に大きなエビが入っています。結婚記念日に妻が食べたいランチだそうなので、1年ぶりに訪問しました。良いお店です。

COLUMN 6

ちょっと不幸なオムライス

美味しいのに閉店してしまう理由とは？

　オムライスはちょっと不幸な境遇にあります。こんなに美人で性格もよくてみんなに愛されているのに、飲食店側から見ると、〝調理に手間がかかる面倒な子〟としてあまり歓迎されません。

　オーダーを受けてから一つ一つ作るとなると、ご飯を炒めて、タマゴを焼いて、ご飯を包んで、3つの工程が発生し時間がかかる。フライパンも2つ要ります。特にランチタイムは大忙しです。なので、先にご飯をまとめて炒めてジャーに入れておく店もあれば、『ドンピエール』『サモアール』などのように、オムライスの注文を昼過ぎ以降に限定するお店もあります。『めぐろ三ツ星食堂』などは、昼のオムライスは一種類に限定しています。

　また「チャーハンを食べるとその中華店の味が分かる」というように、オムライスは、その洋食店の評価の指針となるものではないような気もします。確かに自家製デミグラスソースの出来は、その店の味が分かるポイントのようにも思いますが、ケチャップとなるとそうとは言えません。

　もうひとつ、ラーメンやカレーのように料理自体やある店舗がブームになることが少ないような気がします。〇〇ラーメンブーム、〇〇カレーブームは聞きますが、〇〇オムライスブームはあまり聞いたことがありません。個人的にもラーメン屋をハシゴする人はいても、オムライス屋をハシゴする人は聞きません（私はしますが）。オムライス激戦区という言葉がマスコミで使われることもない。こんな控えめな存在がオムライスなのです。

　原因はそれだけではないですが、残念ながら閉店してしまったオムライスの名店を次のページで紹介いたします。

　行かれたことがある方は、「あったあった」と懐かしく思われることでしょう。

閉店してしまった名店たち

関内『タマガワ』。戦後から地域で愛される洋食店でした。ボリュームたっぷりのオムハヤシが美味しかった。関内界隈では一番旨かった。表のシリアスな顔のクマの看板が謎のまま、2017年閉店。

緑が丘の『8 1/2』。私の食べた中でNo.1のデミソースで、これを使ったオムライスは絶品。気をつけていないと通り過ぎてしまうような小さなお店でした。3回訪問後、2016年閉店。

外苑前の『GARGERY HOUSE』。フォアグラのオムレツリゾット2800円。トロトロのオムレツに甘いソース。オムレツリゾットのブームが来るに違いないと思っているうちに、2005年閉店。

京都『自遊人』。土鍋でグツグツ音を立てるオムライス。トマトソースの上には自慢の黒ゴマペースト。お焦げが香ばしい。関西のおっさんのトークが面白かった。2008年ビル工事のため閉店。

新宿NSビル30Fにあった『アラスカ』。正統派もオープンも美味しかった。「なんで店名がアラスカなんですか？」と聞く前に、1999年閉店。※築地の朝日新聞社東京本社2階などで現在も営業。

四ツ谷の『エリーゼ』。昔ながらの正統タイプ。いつも行列が出来ていました。カウンター席の目の前でオムライスを作っているのが見えました。8回訪問後、2011年閉店。

京都『ルフ』。先斗町の路地にあるオムライス専門店。見た目正統派タイプ、タマゴの下に半熟卵が入っていてビックリする。ちょっと甘いトマトソース。2018年ご主人65歳を機に閉店。

目白の『MUR』。半熟オムライスは幾多ありますが、ここはとろとろ具合が絶妙のタマゴでした。デミではなくてエスパニョールソースだそうです。シェフ海外勤務につき2006年閉店。

赤坂の『旬香亭』。洋風コース料理のしめに、和風あんかけのオムライス。真黄色な美人でした。民家を改装した隠れ家っぽいお店もステキでした。4回訪問後、2012年閉店。

どのお店も、おいしいオムライスの思い出をありがとう。

蒲田『カフェド太郎』。昔の学生向け喫茶店。テーブルの麻雀ゲームがあった。喫茶店の正統派オムライスはコーヒーと合う。2005年閉店、店舗跡が大学キャンパスになっていました。

代官山の『LA PETITE CHAISE』。生卵とご飯を混ぜオムレツで包む〝オムレツリゾット〟。新しい流行りを予感させる旨さ。今は地下化した東横線から見えるお店でした。2回訪問後、2006年閉店。

COLUMN 7

5月に開催！オムライススタジアム

きっしいも審査員として登場します！

ラーメンや肉に関するフェスはありますが、実はオムライスの祭典もあるんです！ それが「オムライススタジアム」。カゴメが「ナポリタンスタジアム」と交互に開催しており、前回は2015年に行われています。もちろんきっしいも行きました。

会場には全国9エリアから地区大会を勝ち上がったオムライス自慢の10店舗が集結し、1食700円で創作オムライスを提供。来場者投票によって日本一のオムライスを決定するというコンテストです。この日のために創作されたスペシャルオムライスは、その後もお店で提供されます。

出場店はWEBでも受け付けていますが、カゴメ社員が一店一店リストアップし、足で回って出場を呼びかけているというから驚きですね。

ちなみに2015年の優勝店は『洋食のことこと屋』（名古屋）の「トロトロ玉子のオムハヤチーズハンバーグON」でした。ほかにも「仔羊の赤ワイン煮オムライス」「カルボナーラなオムリゾット」など個性豊かなメニューが登場しました。

そして2019年5月にも開催が決定！ なんときっしいも審査員を務めます。全国から集まった珠玉のオムライスを食べに来てください！

2015年の会場風景。前回は東京スカイツリータウンで開催。

『洋食のことこと屋』の「トロトロ玉子のオムハヤチーズ ハンバーグ ON」。

オムライススタジアム2019開催概要

日時：5月18日・19日
場所：アーバンドックららぽーと豊洲　シーサイドデッキ（江東区豊洲2-4-9）
入場：無料（オムライスは1食700円）
詳細はHP参照（https://www.kagome.co.jp/campaign/omusta2019/）

第3章
オムレシピ

オムライスをお店に食べに行くだけではなく、
自分でも作ってみたいと思いませんか？　この章では、
オムライス作りのプロが、家庭で簡単に作れるオムライスレシピを伝授します！

コレステロールは？ 糖質は？

知っておこう！オムライスの栄養

今回レシピを教えてくれたのは、カゴメ株式会社の管理栄養士・金野たかねさん。作る前に、まずオムライスの栄養について知っておきましょう。

きっしい（以下岸）「オムライスが好きで3日に1度は食べていますが、コレステロールは大丈夫でしょうか？」

金野さん（以下金）「以前は、卵は1日1個までとも言われていましたが、2015年の厚生労働省の発表では、食事中のコレステロールの摂取と血中コレステロール値の因果関係を示すエビデンスがないことから、摂取制限の上限がなくなりました」

岸「それなら365日毎日オムライス食べてもオッケーですね！」

金「罪悪感は抱かずに、食べたい時に食べて良いのではないでしょうか。しかし、食事にはバランスが大事です。オムライス以外にもいろいろな料理や食材をとるように心がけましょう」

岸「ケチャップは健康によいですか？」

金「はい、ケチャップは主にトマトや野菜からできている調味料です。トマトに含まれる赤い色素の〝リコピン〟が油を使った調理法によって体内に吸収されやすくなります」

岸「子供たちには、オムライスはどうですか？」

金「オムライスは、PFC（※）バランスのよい食べ物です。子供たちにとって食べるのも作るのも、

金野《こんの》たかね

カゴメ株式会社東京支社勤務。フードプランナーとして新メニューの開発などを手掛ける。管理栄養士。カゴメオムライス検定1級を持ち、オムライス作りの指導も行う。

みんなのオム愛 自分で作った正統派のオムライスが一番おいしい！（20代・女性）

次のページでは、金野さんが簡単にプロっぽく作れるオムライスレシピを教えてくれます！

“食育”にぴったりです！　まず多くの子供さんはオムライスが好きです。苦手な野菜も小さく刻んでケチャップライスの中に入れれば美味しく食べられるようになることも多いです。またオムライス作りは、肉・卵・ご飯・野菜・調味料など多種の食材を使い、切る・炒める・焼く・混ぜるなど多様な調理方法を用います。一つの料理でこれだけ工程があるのも珍しい。小学3～4年生ぐらいの初めてのお料理に向いていますよ」

岸「若い女性の中には、太るのでオムライスはちょっと……という方もいらっしゃいますが？」

金「白米に麦や雑穀を混ぜたり、野菜を細かく切って入れたり、ご飯の代わりに最近スーパーなどでも買える“カリフラワーライス”を使ったりすると炭水化物を抑えられます。外食の場合は、ホワイトソースより低カロリーなトマトソース系を選んではいかがでしょう」

岸「シニア層にとってオムライスは？」

金「栄養バランスが良く、鶏肉と卵で高齢者に必要なタンパク質を摂ることができますし、先ほど話したように調理にさまざまな工程があるので、脳トレ筋トレの感覚で作っても楽しめると思います」

岸「20～30代男女にとってオムライスは？」

金「栄養学ではないですが、オムライスはケチャップでメッセージも書いたりでき、コミュニケーションをつなぐ料理です。“彼氏・彼女に作ってあげたい料理”として人気があります」。オムライスだけの場合は、彩りが少し足りないので、付け合わせにベビーリーフや野菜スープなどを加えてもカラフルで良いでしょう」

岸「なるほどー。オムライスはどの世代に向けても食べるのも、作るのもよい料理なのですね。さっそく自分でも作ってみたくなりました」

金「次のページを見てぜひ挑戦してみてください！」

みんなのオム愛　荻窪の「Blue Bell」。チキンライスをタマゴで巻き込んだド定番、目の前で作ってくれます。(40代・女性)

※protein（タンパク質）、fat（脂質）、carbohydrate（炭水化物）

OMU RECIPE 1

日本最古のオムライスを実際に作ってみる！
オム、ライス（卵と肉の飯）

P83で紹介している「日本最古のオムライス」を実際に作ってみましょう。100年前のオムライスだよ！　と言ったらビックリされるはずです。

＜材料＞　2〜3人分（作りやすい量）

●トマトソースのライス

ご飯	2〜3杯分
牛細切れ肉	100g
タマネギ	1/2個
グリンピース	大さじ1
トマトピューレ	大さじ2
ヘット(牛脂)	大さじ1
塩・こしょう	各少々

●薄焼きタマゴ

卵	2〜3個
ヘット(牛脂)	大さじ1
塩・こしょう	各少々

POINT

❶牛肉と牛脂を使うところが今のオムライスとの大きな違い。旨味とコクのある、贅沢なオムライスです。

❷当時のトマトソースは、今でいう「トマトピューレ」のこと。ほんのり色づけに使用しています。

みんなのオム愛

高松「洋食屋イタミ」。親が作ったような懐かしい味。固いタマゴ＆ケチャップライスのあの味がグッド。（20代・女性）

ライスが多すぎると包めなくなるので、卵焼きの大きさに合わせて調整を！

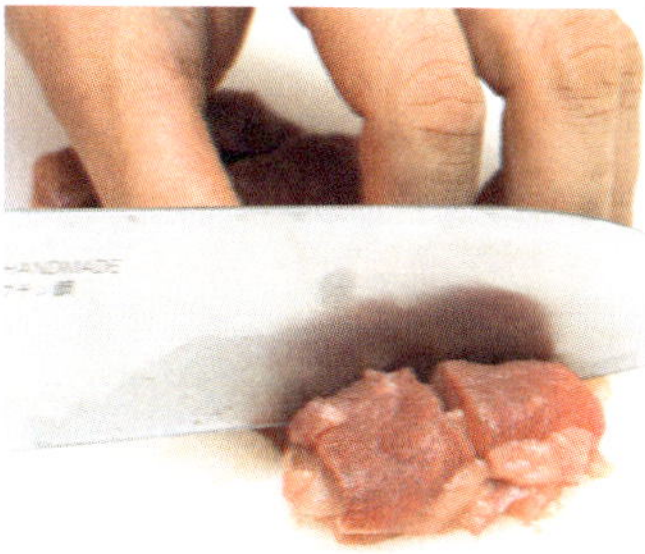

1 牛肉は1cm角の賽の目切り、タマネギはみじん切りにする。

2 フライパンにヘットを熱し、タマネギ、牛肉、グリンピースの順に炒め、火が通ったら、塩・こしょうで味付けする。

3 ご飯を加え、ほぐしながら強火で手早く炒め合わせ、トマトピューレを入れ、全体に色がついたら、塩・こしょうで味を調え取り出しておく。

4 ボウルに卵を1個ずつ溶きほぐし、塩・こしょうを加える。フライパンにヘットを熱し、半量の卵を丸く焼いて③のご飯1人分を包み込んで形を整える。

5 フライパンにお皿をあてポンと返して皿に盛り、残りも同様に作る。

完成

牛脂を使うと香ばしさが格別です！ケチャップはお好みで。

みんなのオム愛

御茶ノ水「キッチンカロリー」の有機卵のオムライス。三原村のトマトソースがまた美味しい！（30代・女性）

OMU RECIPE 2

トマトジュース×中濃ソースの合わせ技！

簡単！オムハヤシ

カフェで出てくるような、半熟とろとろのオムハヤシ。
彼にも、お父さんにも、お子さまにも喜ばれる
ガッツリスペシャルなメニューです！

＜材料＞　2人分

●ケチャップライス

ご飯……300g
トマトケチャップ……大さじ3
バター……大さじ1
塩・こしょう……各少々

●半熟タマゴ

卵……4個
牛乳……大さじ2
塩・こしょう……各少々
サラダ油……小さじ2

●ハヤシソース

牛肉（薄切り）……150g
タマネギ……1/2個
マッシュルーム……2個
トマトジュース……1カップ
コンソメスープの素（固形）……1個
トマトケチャップ……大さじ2
中濃ソース……大さじ1/2
バター……大さじ2
塩・こしょう……各少々
小麦粉……大さじ2
水……100mℓ

POINT

❶最初に牛肉に小麦粉をまぶすことで、とろみがつきます。

❷タマネギを細かく刻む必要がないので、子供でも挑戦できるメニューです。

みんなのオム愛

北千住「Kitchen eggs」。種類が多い上に美味しい、価格もお手頃、誰と来ても喜んでもらえます！（20代・女性）

1

牛肉は2㎝幅に切り、塩・こしょう・小麦粉を全体にまぶしておく。タマネギは繊維と直角に1㎝幅に切る。マッシュルームは薄切りにする。

2

フライパンにバター半量を溶かし、タマネギ、牛肉、マッシュルームの順に炒める。

3

トマトジュース、固形スープの素、トマトケチャップ、中濃ソース、水100mlを加え中火で10分煮込み、最後に残りのバターを加え、塩・こしょうで味を調える。

軽くレンジでチンするとバターがなじみやすくなります。

4

温かいご飯にトマトケチャップ・バター・塩・こしょうを加えてよく混ぜ、ケチャップライスをつくる。

5

ボウルに卵を割り溶き、牛乳・塩・こしょうを加えよく混ぜ、小さめのフライパンで丸く半熟状に焼く。

6

④をお皿に盛り、⑤の卵をフライ返しを使ってスライドさせ上にのせ、③のソースをたっぷりかける。

完成

半熟タマゴが半分ぐらい見えるように盛り付けるとバランスがいいですね。

みんなのオム愛

東銀座「YOU」。シンプルだけど全体的なバランスが好みだから。（40代・男性）

OMU RECIPE 3

パカッと開く憧れのオムライスを家庭でも！

ふわとろオムレツのオムライス

上にのせたオムレツが花開くオープンタイプのオムライス。作りたてのうちに〝入刀式〟のパフォーマンスを楽しみましょう。

＜材料＞　1人分

●ケチャップライス

ご飯	150g
鶏もも肉	50g
タマネギ	1/4個
ピーマン	1/2個
トマトケチャップ	大さじ2
塩、こしょう	少々
サラダ油	大さじ1/2

●オムレツ

卵	2個
牛乳	大さじ1
サラダ油	大さじ1/2
塩、こしょう	少々
トマトケチャップ	適宜

POINT

❶牛乳を加えることでタマゴは柔らかくなり、すぐに固まらないので、落ち着いて調理ができます。

❷手順②で先にケチャップを入れることで、ベチャッとせず、香りや味が増します。

みんなのオム愛

1人で作って1人で食った悲しいオムライス。（19歳以下・男性）

1

鶏肉、タマネギ、ピーマンは1cm角に切る。フライパンに油を熱し、鶏肉、タマネギ、ピーマンの順に炒める。

2

火が通ったらトマトケチャップを加える。

3

温かいご飯を加え、ほぐしながら中火で手早く炒め合わせ、塩、こしょうで味を調え、皿に平らに丸く盛りつける。

4

ボウルに卵を溶きほぐし、牛乳、塩、こしょうを加える。フライパンに油を熱し、フライパンが温まったら卵を一気に流し込み、フライパンを揺り動かしながら、菜箸で大きく卵をかき混ぜる。

5

底に幕ができたら、手早く丁寧に奥に寄せていく。ゴムべらを使って、形を整え1回転させ、とじ目を下にして焼き固め、再びとじ目が上にくるように回転させる。

ライスの熱で卵が固まってしまうので入刀は一瞬で！

6

③のチキンライスの上に⑤のオムレツを返すようにのせ、ナイフで切り込みを入れ、ライスを覆うように広げる。

完成

お好みでケチャップをかけて食べましょう。

みんなのオム愛

娘のリクエストによりオムライス作りにはまっています。「作る際に役立つ小ネタ」も知りたいです。（30代・女性）

OMU RECIPE 4

絶対真似できない!? シェフが教える上級編

名店のトロトロオムライス

『にっぽんの洋食 新川 津々井』の名物トロトロオムライス。作り方はシンプルですが、シェフ曰く「絶対真似できません」。超ハイレベルに挑戦してみてください！

越田健夫シェフ

＜材料＞　2人分

●トロトロオムライス
ご飯……小茶碗2杯分
卵……4個
ハム……100g
タマネギ……1/4個
トマトケチャップ……大さじ2
塩·こしょう……少々
バター……5g
サラダ油……大さじ1

●フレッシュトマトソース
トマト……中2個
タマネギ……20g
トマトケチャップ……大さじ2
リキュール……少々
塩·こしょう……少々

●クリームベースのトマトソース
生クリーム……70cc
トマトケチャップ……70cc
リキュール……少々
タマネギ……20g

※レシピは家庭用ですが、写真は通常の調理風景なので分量が異なります。

POINT

❶ライスは炒めた後にボウルに移して冷ますのがコツです。

❷表面ふんわり、中はトロトロ状態に焼き上げると名店の味に。

みんなのオム言

ふわとろオムライスを作ろうと試みるのですが、卵の感じがすばらしい時と、超残念な時の差が激しい。(40代・男性)

クリームベースのトマトソース

1 鍋にバター（分量外）を熱し、タマネギ（みじん切り）を炒め、生クリームを加える。

2 ケチャップを加え、かき混ぜた後にリキュールを入れる。

3 ひと煮立ちさせて沸騰したら裏ごしする。

フレッシュトマトソース

1 トマトを湯むきして種を抜き、みじん切りにする。タマネギもみじん切りにしておく。

2 鍋にバター（分量外）を熱しタマネギを炒める。リキュールを加え、アルコール分をとばす。

3 トマトとケチャップ、塩・こしょうを入れ、15～20分煮込む。※適度な柔らかさになればOK

みんなのオム愛

オムライス大変好き。妻が上手に作るため。（50代以上・男性）

トロトロオムライス

1 フライパンに少量のラード（分量外）をひき、バターを入れ、ハムを炒める。

2 タマネギみじん切りを炒め、ご飯を投入し、塩・こしょうを入れる。

3 ケチャップを回しかけ、強火であおる。

4 全体に赤色が回ったら、ボウルに移す。

5 溶き卵をボウルのライスに入れ、よく混ぜる。

6 フライパンにラード（分量外）をひき、⑤を入れ手早く混ぜる。

完成

表面はふんわり焼き固め、中はトロトロ状態で完成。トマトソースとトマトクリームソースを半々にかけます。

みんなのオム愛

金沢「自由軒」。和食系の醤油ベースの味が大好きなので、どうしても食べたくて弾丸で行きました。(30代・女性)

旅オム

その1

これまで私は47都道府県すべてのオムライスを食べました。「オム日記」にも地方のオムが登場していますが、特に私が旅行で訪れたらはずせないオムライス、"旅オム"をご紹介します。

レストランスコット

武田神社に昇仙峡、食べ物はほうとうで知られる甲府。昭和32年創業の洋食&フレンチ店のオムライス1050円。正統派デミソース、特にケチャップライスが秀逸。甲府にこんな美味いオムがあるとはビックリ！　その後も訪ねました。

山梨
甲府・中央

INFORMATION

JR甲府駅南口徒歩約11分。11時30分～14時LO・17時～20時30分LO、木・第1・3水休。甲府市中央1-3-1　☎055・232・2424

五島軒本店

函館の名所、五稜郭公園を散策した後は、明治12年（1879）創業の老舗レストランへ。カレーが有名ですが、オムライス850円も美味。昔ながらのタイプで、ご飯の粒がピシッと立っています。デミタイプもおすすめ。建物もレトロで素敵。

北海道
函館・末広町

INFORMATION

函館市電十字街停留所徒歩5分。11時30分～20時LO（4～10月は20時30分LO）、無休（1・2月のみ月休）。函館市末広町4-5　☎0138・23・1106

レストラン自由軒

言わずと知れた兼六園に金沢城。110年続く金沢の老舗レストランのオムライス810円は、薄焼きタマゴの中に、牛肉・豚肉を煮込んだ醤油ベースのソースで味付けた和風ライス。ひがし茶屋街にあり、内外装も歴史を感じさせるお店。

石川
金沢・東山

INFORMATION

JR金沢駅東口から北鉄金沢バス「金沢学院大学」行きなど7分の「橋場町」下車10分。11時30分～15時LO・17時～21時LO（土・日・祝は16時30分～21時LO）、火・第3月休。金沢市東山1-6-6　☎076・252・1996

マルカンビル大食堂

花巻観光といえば花巻温泉郷。もう一つの名所は歴史ある百貨店を復活させた「マルカンビル」。6階にある昭和の大食堂では、昔風でぽっちゃりなオムライス530円が食べられます。お箸で食べる25cmソフトクリームも注文しよう。

岩手
花巻・上町

INFORMATION

JR東北本線花巻駅徒歩15分。11時～18時LO、水休。花巻市上町6-2 マルカンビル6F　☎0198・29・5588　オムライスは定番メニューではなく、「ナポリかつ」売り切れ後、午後に提供。要電話確認。

みんなのオム愛

函館「中道食堂」のオムライス。「人の胃の許容量分かってる？」と聞きたくなるほど巨大。（30代・女性）

旅オム

その2

RED RIVER

定番は大阪城に太陽の塔、タコ焼きですが、もう一つの大阪名物？　が梅田の地下街。ここにあるセルフ喫茶のオムライス500円は大阪No.1でした。卵かけご飯のような、スペシャルマイルドな流し込むオムライス。小ぶりです。

大阪
大阪・北新地

INFORMATION

JR東西線北新地駅徒歩3分。11時～21時30分LO（土・祝は11時～18時30分LO）、日休。大阪市北区梅田1-2-2 大阪駅前第2ビル B2F　☎06・6346・1966

グリル小宝

平安神宮を参拝した後は、近くにあるこちらへ。〝オムライスの都・京都〟の1961年創業の人気店です。オムライス650円は、しっかり焼かれた薄焼きタマゴ包み、デミソースがけ、中はケチャップライス。甘めの味付けが関西らしい。

京都
京都・東山

INFORMATION

京都市営地下鉄東西線東山駅1番出口徒歩15分。11時30分～21時45分、火・水休。京都市左京区岡崎北御所町46　☎075・771・5893

北極星

そして大阪といえば心斎橋のネオン。そこから歩いて行ける、西のオムライス元祖とされる老舗。チキンオムライス830円は甘酢ショウガ付き。一番高い「伊勢海老オムライス」5400円を頼んでいる人は、お客さんの注目の的に。

大阪
大阪・なんば

INFORMATION

地下鉄御堂筋線なんば駅25番出口徒歩5分。11時30分～21時30分LO（土・日・祝は11時～）、無休。大阪市中央区西心斎橋2-7-27　☎06・6211・7829

スマート珈琲店

京都といえば喫茶店文化。昭和7年（1932）創業、寺町通三条にあるプリンやフレンチトーストが有名な喫茶店。オムライス900円はしっかり焼けたタマゴにデミソース。京都らしいストロングなコーヒーとの相性も抜群。

京都
京都・京都市役所前

INFORMATION

地下鉄東西線京都市役所前駅3番出口徒歩1分。8時～19時（2Fランチタイム11時～14時30分LO）、無休（ランチは火休）。京都市中京区寺町通三条上ル天性寺前町537　☎075・231・6547

みんなのオム愛

風邪をひいている時に、彼女が作ってくれたオムライスが普段以上に美味しかった。(20代・男性)

COLUMN 8

未来のオムライス

キーワードは「xTECH」と「グローバル化」

まず「xTECH」は、その産業にデジタルテクノロジーを活用することを指します。「OMUTECH」はオムライスにデジタルテクノロジーを活用すること。例えば、各人の細かなオムライスの好みに合わせて、調理ロボットがあなた好みのオムライスを作ってくれます。タマゴの焼き具合、ライスの味付け、好きな具材などが登録されたカードをかざすだけで、調理ロボットがパフォーマンスしながらあなたのオムライスを作る時代がやってきます。塗装ロボットがノズルからケチャップを吹き付け、アート作品のような細密なお絵かきオムライスに仕上げてくれます。

「グローバル化」は、日本に来てオムライスを食べた外国人観光客を足掛かりに、世界中でオムライスを流行らせる試みです。寿司やラーメンなど日本だけの食文化と思われていたものが、今や世界中で流行っている現状を見るとその可能性は十分にあります。そのためには、イスラム教徒向きのハラルオムライスや、ベジタリアン向きのベジタリアンオムライスなども必要となってきます。SUSHIの「カリフォルニアロール」のように、タマゴをケチャップライスで巻いた逆オムライスが登場するかもしれません。世界中の人たちが「Of course, We love Omurice!」と会話できる時代の、未来のオムライスが楽しみですね。

未来のオムライスは味集中カウンターで
好みに合わせてオーダーするシステム！
○をつけてください
卵の固さ
ライス
ソース
付け合わせ
皿
食器類
あり
なし
どっかで見たなこのシステム

©おおひなたごう

おわりに

この本の取材を通じてたくさんのお店を訪問し、お話を聞かせていただきました。普段は聞けないような開店秘話、お店を続ける苦労やオムライス作りのこだわりなどを聞いた後では、オムライスが「2倍美味しく」感じられました。

そんなお話の中で印象に残ったセリフです。

「40年やっているけど、今でも料理作るのが好きだね。で、最近は前にもましてもっと好きになってきたよ」（60代オーナーシェフ）

「技術は時間をかければ上達する。でもそこで満足するとダメ。その先は愛だよ。愛がなければ、旨くはならない」（60代シェフ）

「自分で美味しいと思うものを出したい。でも、そうすると手間がかかるんだよね。朝から晩まで大変だよ（笑）」（30代2代目店主）

「ふわとろオムライスが好きで、ここを見つけて1年半働いています。毎日、ふわとろオムライスが作れて幸せです。」（20代コック）

こういう人たちのおかげで、我々は美味しいオムライスが食べられるのです。調理人に感謝、食材の生産者に感謝、そして食材となった命に感謝です。

２０１９年、平成が終わろうとし、一つの時代が区切りを迎えます。オムライスも次の時代を迎えます。２０１３年に「和食」がユネスコの無形文化遺産に登録され、寿司やラーメンのように、次はオムライスも世界に広がっていくと考えています。私は、オムライス研究者・伝道師として、より深く広くオムライス研究を進め、人々にオムライスの美味しさを伝える活動を続けます。

そして、オムライス好きの皆さまには、ぜひオムライス普及活動へのご協力をお願いします。まずは自分の好みのお店を見つけたら、家族、恋人、友人を連れて行ってあげて下さい。そしてオムライスで笑顔にしてあげてください。近い将来、オムライスが世界の食のステージのセンターに立てるように、ともに応援し続けましょう！

「We Love Omurice !!」

最後にこの本を共に作り上げてくれた編集の松崎聖子さん、デザイナーの小田光美さん、カメラマンさん、武田憲人編集長に感謝します。

INDEX

自分だけの五つ星店を作ろう

銀座・東銀座・有楽町

ジュン喫茶室（有楽町）……066　行った日 ／　☆☆☆☆☆

レストラン ドンピエール 銀座本店（銀座一丁目）……028　行った日 ／　☆☆☆☆☆

煉瓦亭（銀座）……087　行った日 ／　☆☆☆☆☆

ア・ヴォートル・サンテ・エンドー（銀座）……010　行った日 ／　☆☆☆☆☆

YOU（東銀座）……026　行った日 ／　☆☆☆☆☆

日本橋・丸の内・茅場町

うに屋のあまごころ（八重洲）……063　行った日 ／　☆☆☆☆☆

レストラン ラグー（水天宮前）……048　行った日 ／　☆☆☆☆☆

にっぽんの洋食 新川 津々井（茅場町）……018　行った日 ／　☆☆☆☆☆

長寿庵 柳ばし本店（東日本橋）……070　行った日 ／　☆☆☆☆☆

丸善カフェ 日本橋店（日本橋）……070　行った日 ／　☆☆☆☆☆

喫茶げるぼあ（日本橋）……030　行った日 ／　☆☆☆☆☆

秋葉原・神田・神保町

ザ・グランヴァニア（秋葉原）……069　行った日 ／　☆☆☆☆☆

松栄亭（淡路町）……068　行った日 ／　☆☆☆☆☆

美味卵家（神田）……044　行った日 ／　☆☆☆☆☆

ランチョン（神保町）……069　行った日 ／　☆☆☆☆☆

上野・御徒町・春日・駒込

吉池食堂（御徒町）……067　行った日 ／　☆☆☆☆☆

レストランTSUMURA（春日）……058　行った日 ／　☆☆☆☆☆

CAFÉ すいれん（上野）……068　行った日 ／　☆☆☆☆☆

東洋文庫オリエントカフェ（千石）……032　行った日 ／　☆☆☆☆☆

浅草・錦糸町・本所吾妻橋・鐘ケ淵

グリルグランド（浅草）……042　行った日 ／　☆☆☆☆☆

コシャリ屋コーピー（錦糸町）……062　行った日 ／　☆☆☆☆☆

Tomi's キッチン（鐘ケ淵）……049　行った日 ／　☆☆☆☆☆

レストラン吾妻（本所吾妻橋）……022　行った日 ／　☆☆☆☆☆

新宿・早稲田

MOUTON（新宿）……056　行った日 ／　☆☆☆☆☆

メルシー（早稲田）……060　行った日 ／　☆☆☆☆☆

源兵衛（早稲田）……061　行った日 ／　☆☆☆☆☆

池袋・東池袋

サクラカフェ&レストラン池袋（池袋）……051　行った日 ／　☆☆☆☆☆

神田たまごけん 池袋店（池袋）……064　行った日 ／　☆☆☆☆☆

目黒・恵比寿・都立大学

チャモロ（恵比寿）……045　行った日 ／　☆☆☆☆☆

パワーフードレストラン COSI-COSI（都立大学）……047／053　行った日 ／　☆☆☆☆☆

めぐろ三ツ星食堂（目黒）……014　行った日 ／　☆☆☆☆☆

永田町

霞ガーデン（永田町）……071　行った日 ／　☆☆☆☆☆

麻布十番・三田

グリル満天星 麻布十番（麻布十番）…… 043　行った日 ／ ☆☆☆☆☆
亀喜（三田）…… 060　行った日 ／ ☆☆☆☆☆

戸越銀座・西小山

洋食工房 陶花（戸越銀座）…… 058　行った日 ／ ☆☆☆☆☆
西洋料理 杉山亭（西小山）…… 059　行った日 ／ ☆☆☆☆☆

蒲田・羽田

エアポートグリル&バール（羽田空港）…… 066　行った日 ／ ☆☆☆☆☆
ポムの樹 グランデュオ蒲田店（蒲田）…… 064　行った日 ／ ☆☆☆☆☆

二子玉川・松陰神社前

ビストロ タマ（二子玉川）…… 046　行った日 ／ ☆☆☆☆☆
レストランけやき（松陰神社前）…… 071　行った日 ／ ☆☆☆☆☆

新高円寺・吉祥寺

カヤシマ（吉祥寺）…… 061　行った日 ／ ☆☆☆☆☆
七つ森（新高円寺）…… 063　行った日 ／ ☆☆☆☆☆

府中・八王子・町田

カフェ&バーコルト（府中）…… 050　行った日 ／ ☆☆☆☆☆
ことり亭（八王子みなみ野）…… 059　行った日 ／ ☆☆☆☆☆
マル 八王子東急スクエア店（八王子）…… 034／056　行った日 ／ ☆☆☆☆☆
レストラン テルミニ（八王子みなみ野）…… 024　行った日 ／ ☆☆☆☆☆
3 Little Eggs（町田）…… 052　行った日 ／ ☆☆☆☆☆

横浜

サモアール 馬車道店（馬車道）…… 057　行った日 ／ ☆☆☆☆☆
横濱たちばな亭 横浜赤れんが倉庫店（馬車道）…… 067　行った日 ／ ☆☆☆☆☆

首都圏以外

ラッキーピエロ（函館市）…… 065　行った日 ／ ☆☆☆☆☆
五島軒本店（函館市）…… 121　行った日 ／ ☆☆☆☆☆
マルカンビル大食堂（花巻市）…… 121　行った日 ／ ☆☆☆☆☆
レストランスコット（甲府市）…… 121　行った日 ／ ☆☆☆☆☆
RED LIVER（大阪市）…… 122　行った日 ／ ☆☆☆☆☆
北極星（大阪市）…… 122　行った日 ／ ☆☆☆☆☆
レストラン自由軒（金沢市）…… 121　行った日 ／ ☆☆☆☆☆
ベビーフェイスプラネッツ（宇都宮市）…… 065　行った日 ／ ☆☆☆☆☆
おむらはうす 出町柳店（京都市）…… 062　行った日 ／ ☆☆☆☆☆
スマート珈琲店（京都市）…… 122　行った日 ／ ☆☆☆☆☆
グリル小宝（京都市）…… 122　行った日 ／ ☆☆☆☆☆

行ったお店の☆を塗りつぶし、
自分の評価をつけましょう。

★★★★★
大変美味しい、皆さんにおすすめします。
★★★★
美味しい、また行きたい。
★★★
まあまあ美味しい。
★★
もうちょっと頑張って！
★
もっと頑張って！

あなたのオムランク

60店 …… オムマスター
50～59店 …… オム家元
40～49店 …… オム師範
30～39店 …… オム上級
20～29店 …… オム中級
10～19店 …… オム初級
1～9店 …… オムビギナー

きっしいの

オムライス大好き!

2019年3月19日　第1刷発行

著者	岸本好弘
デザイン	小田光美（OFFICE MAPLE）
撮影	松岡誠　平澤清司　四宮孝仁 岸本好弘
イラスト	おおひなたごう
編集	松崎聖子（散歩の達人編集部）

発行人	横山裕司
発行所	株式会社 交通新聞社 〒101-0062 東京都千代田区神田駿河台 2-3-11 NBF 御茶ノ水ビル 編集部 ☎ 03・6831・6560 販売部 ☎ 03・6831・6622 https://www.kotsu.co.jp/
印刷／製本	凸版印刷株式会社

ISBN978-4-330-95719-7

カバー（表）写真：にっぽんの洋食　新川　津々井
カバー（裏）写真：レストラン吾妻

オムライス応援団ページ

この本に書ききれなかったオム談や、
オム動画、オム検など、さらに詳しい&楽しい情報が満載！